Acoustic Songbook

WISE PUBLICATIONS
part of The Music Sales Group
London/New York/Paris/Sydney/Copenhagen/Berlin/Madrid/Tokyo

Come Away With Me

Words & Music by
Norah Jones

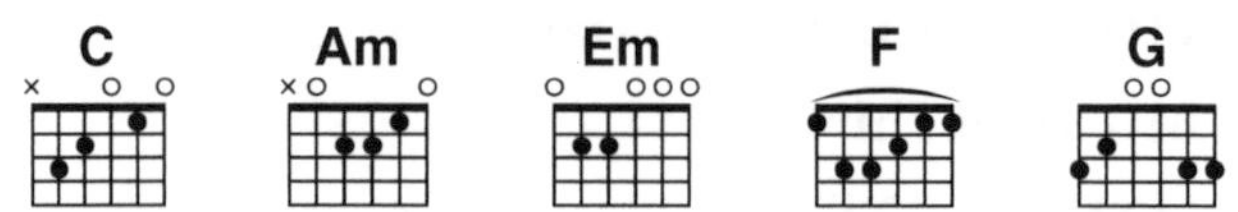

Intro

```
|: C      | Am      | C      | Am      :|
```

Verse 1

```
C          Am                  C       Am
  Come a - way with me in the night
C          Am                Em         F    C     G
  Come a - way with me and I will write you a song.
C          Am                 C       Am
  Come a - way with me on a bus
C          Am                      Em    F          C
  Come a - way where they can't tempt us with their lies.
```

Bridge 1

```
G             F              C
  And I wanna walk with you  on a cloudy day,
G                    F                       C
  In fields where the yellow grass grows knee high
            G      C
So won't you try to come?
```

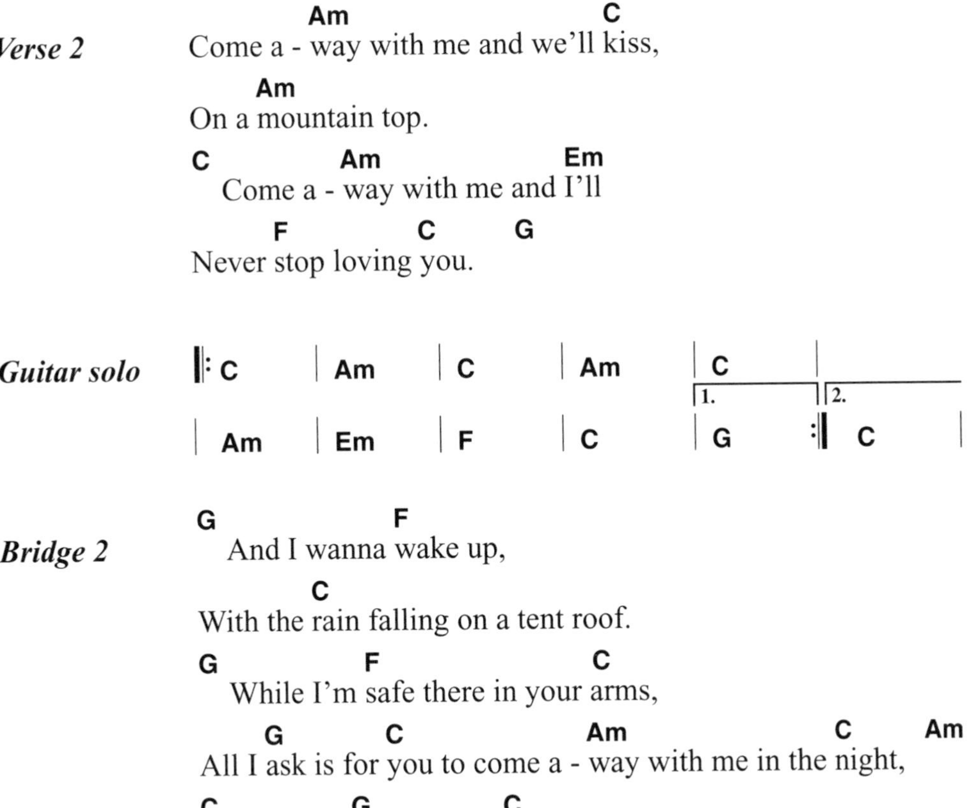

Verse 2

```
            Am                  C
Come a - way with me and we'll kiss,
      Am
On a mountain top.
C            Am                 Em
   Come a - way with me and I'll
       F          C       G
Never stop loving you.
```

Guitar solo

```
|: C   | Am  | C   | Am  | C       |
                          [1.       [2.
| Am  | Em  | F   | C   | G      :| C   |
```

Bridge 2

```
G                  F
   And I wanna wake up,
           C
With the rain falling on a tent roof.
G            F                    C
   While I'm safe there in your arms,
     G          C               Am                      C       Am
All I ask is for you to come a - way with me in the night,
C             G             C
   Come a - way with me.
```

Songbird

Words & Music by
Christine McVie

Intro

|: G G* D/G | Csus2 :| x2

| G G* D/G | C/G D |

Verse 1

```
   C               G
For you, there'll be no crying
Am7 G/B C    G
    For   you,   the sun will be shining
Am7 G/B      Am                      Em
      'Cause I feel that when I'm with you
   Csus2     G
It's alright, I know it's right.
```

Chorus 1

```
                     D          C
And the songbirds keep singing
               Em
Like they know the score
        C                          D
And I love you, I love you, I love you
          G
Like never before.
```

Guitar Solo

C	C	G	G Am7 G/B
C	C	G	G
D	C	Em	Em
C	D	G	G

```
                C                          G
Verse 2     To you, I would give the world
            Am7 G/B C          G
              To      you, I'd    never be cold
            Am7   G/B  Am                   Em
                'Cause I feel that when I'm with you
               Csus2      G
            It's alright, I know it's right.

                   D                 C
Chorus 2    And the songbirds keep singing
                        Em
            Like they know the score
                   C                            D
            And I love you, I love you, I love you
                   G           Am7   G/B
            Like never before,
            C                G     Am7   G/B
              Like never before
            C                G
              Like never before.
```

Thank You

Words & Music by
Dido Armstrong & Paul Herman

Em C D G G/F♯ G/B C/D Am

Capo fourth fret

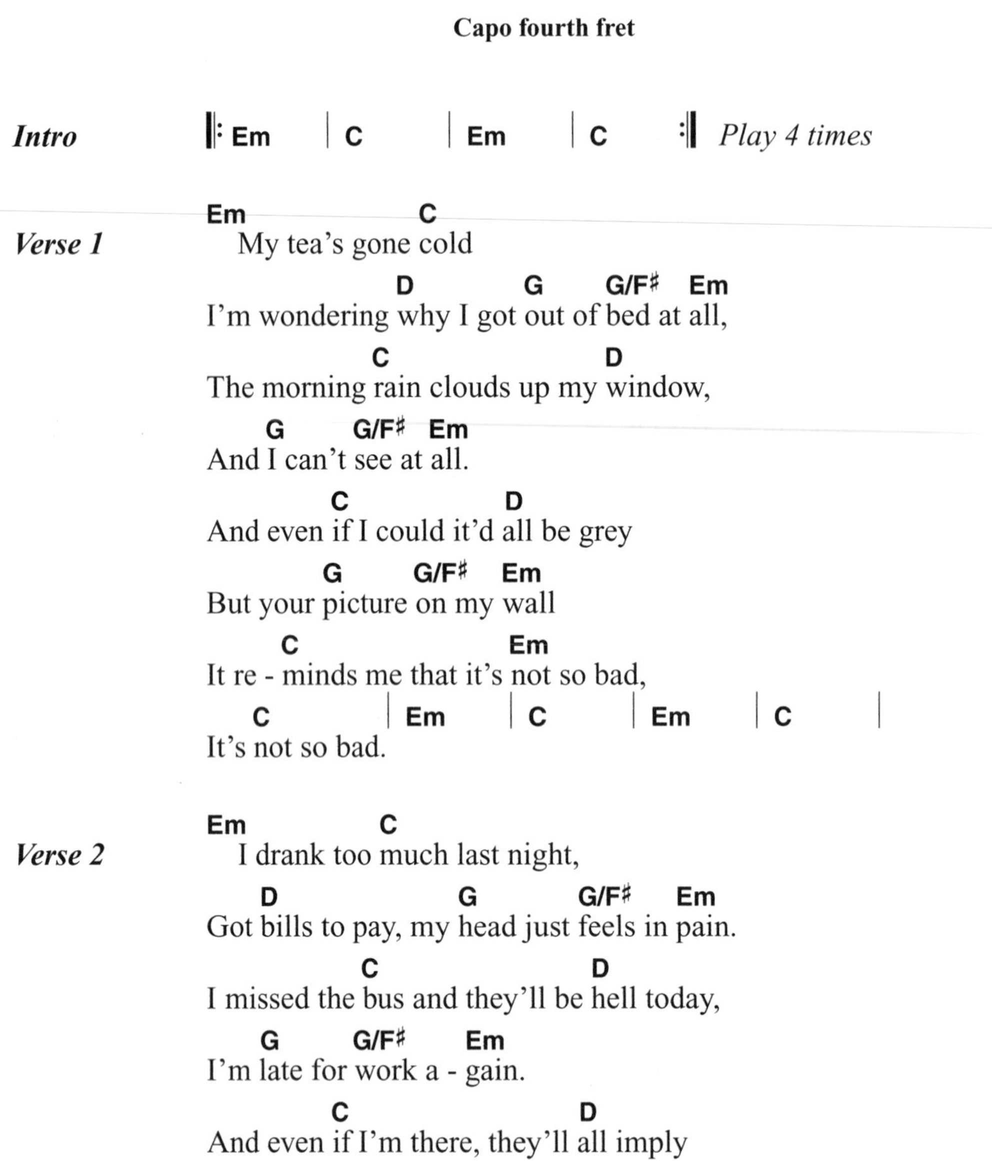

```
Intro     |: Em    | C     | Em    | C     :|  Play 4 times

          Em              C
Verse 1     My tea's gone cold
                      D          G        G/F♯    Em
          I'm wondering why I got out of bed at all,
                         C                   D
          The morning rain clouds up my window,
              G        G/F♯   Em
          And I can't see at all.
                      C           D
          And even if I could it'd all be grey
                       G       G/F♯     Em
          But your picture on my wall
                   C               Em
          It re - minds me that it's not so bad,
             C           | Em    | C     | Em    | C     |
          It's not so bad.

          Em             C
Verse 2     I drank too much last night,
              D               G           G/F♯    Em
          Got bills to pay, my head just feels in pain.
                          C                   D
          I missed the bus and they'll be hell today,
              G       G/F♯     Em
          I'm late for work a - gain.
                      C                   D
          And even if I'm there, they'll all imply
```

cont.

```
       G           G/F#    Em
That I might not last the day,
                    C
And then you'll call me
          Em
And it's not so bad,
   C
It's not so bad.
```

Chorus 1

```
      G  G/B    C
And I   want to thank you
   C/D          G          G/B   C    C/D
For giving me the best day of my life,
      G   G/B    C
And oh, just to be with you
  C/D        G/B              Am
Is having the best day of my life.
```

Interlude

| G G/B | C C/D | G G/B | C C/D |

| G G/B | C | G/B | Am ||

Verse 3

```
G                     G/B     C
   Push the door, I'm home at last
                     C/D          G
And I'm soaking through and through.
                      G/B  C
Then you handed me a towel,
            C/D  G
And all I see is you.
                    G/B        C
And even if my house falls down now
             C/D   G/B
I wouldn't have a clue
                    Am
Because you're near me.
```

Chorus 2 As Chorus 1

Chorus 3 As Chorus 1

Wish You Were Here

Words & Music by
David Gilmour & Roger Waters

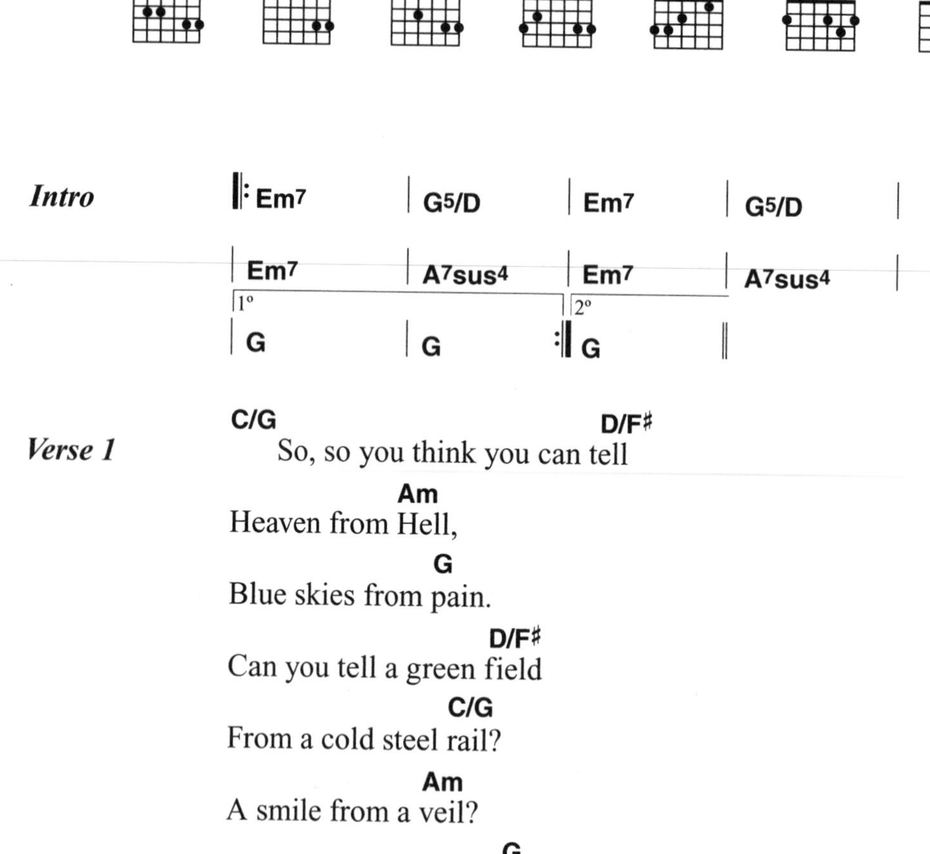

Intro

| : Em7 | G5/D | Em7 | G5/D |
| Em7 | A7sus4 | Em7 | A7sus4 |
1° | G | G : | 2° | G ||

Verse 1

```
C/G                            D/F♯
    So, so you think you can tell
               Am
Heaven from Hell,
                 G
Blue skies from pain.
                      D/F♯
Can you tell a green field
                  C/G
From a cold steel rail?
                 Am
A smile from a veil?
                        G
Do you think you can tell?
```

Verse 2

```
                            C/G
Did they get you to trade
                         D/F#
Your heroes for ghosts?
                    Am
Hot ashes for trees?
                  G
Hot air for a cool breeze?
                          D/F#
Cold comfort for change?
                       C/G
And did you exchange
                               Am
A walk-on part in the war
                            G
For a lead role in a cage?
```

Solo

```
| Em7      | G5/D     | Em7      | G5/D     |
| Em7      | A7sus4   | Em7      | A7sus4   |
| G        ||
```

Verse 3

```
C/G                                D/F#
   How I wish, how I wish you were here.
               Am
We're just two lost souls swimming in a fish bowl,
G
   Year after year,
D/F#
   Running over the same old ground.
C/G
   What have we found?
                   Am
The same old fears.
                    G
Wish you were here.
```

Outro

```
||: Em7    | G5/D     | Em7      | G5/D     |
| Em7      | A7sus4   | Em7      | A7sus4   |
| G        | G       :||
```

Play 3 times (fade quickly on 3rd)

Trouble

Words & Music by
Guy Berryman, Jon Buckland, Will Champion & Chris Martin

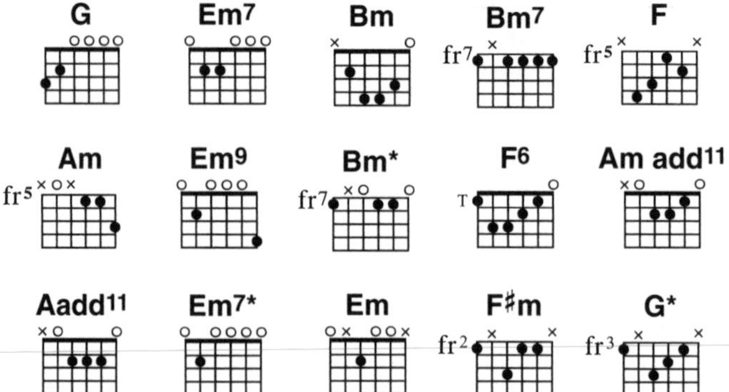

Tune top string down to D

Intro ‖: G Em7 | Bm | G Em7 | Bm :‖

Verse 1

```
G      Em7  Bm7
    Oh no,  I see,
    F              Am               G
A spider web is tangled up with me,
      Em7        Bm7
And I lost my head,
       F                  Am               G
And thought of all the stupid things I'd said.
```

Link 1 | G Em7 | Bm | G Em7 | Bm ‖

Verse 2

```
G       Em9         Bm*
    Oh no, what's this?
    F6                       Amadd11
A spider web, and I'm caught in the middle,
G         Em9       Bm*
    So I turn to run,
       F6                 Amadd11         G
And thought of all the stupid things I'd done.
```

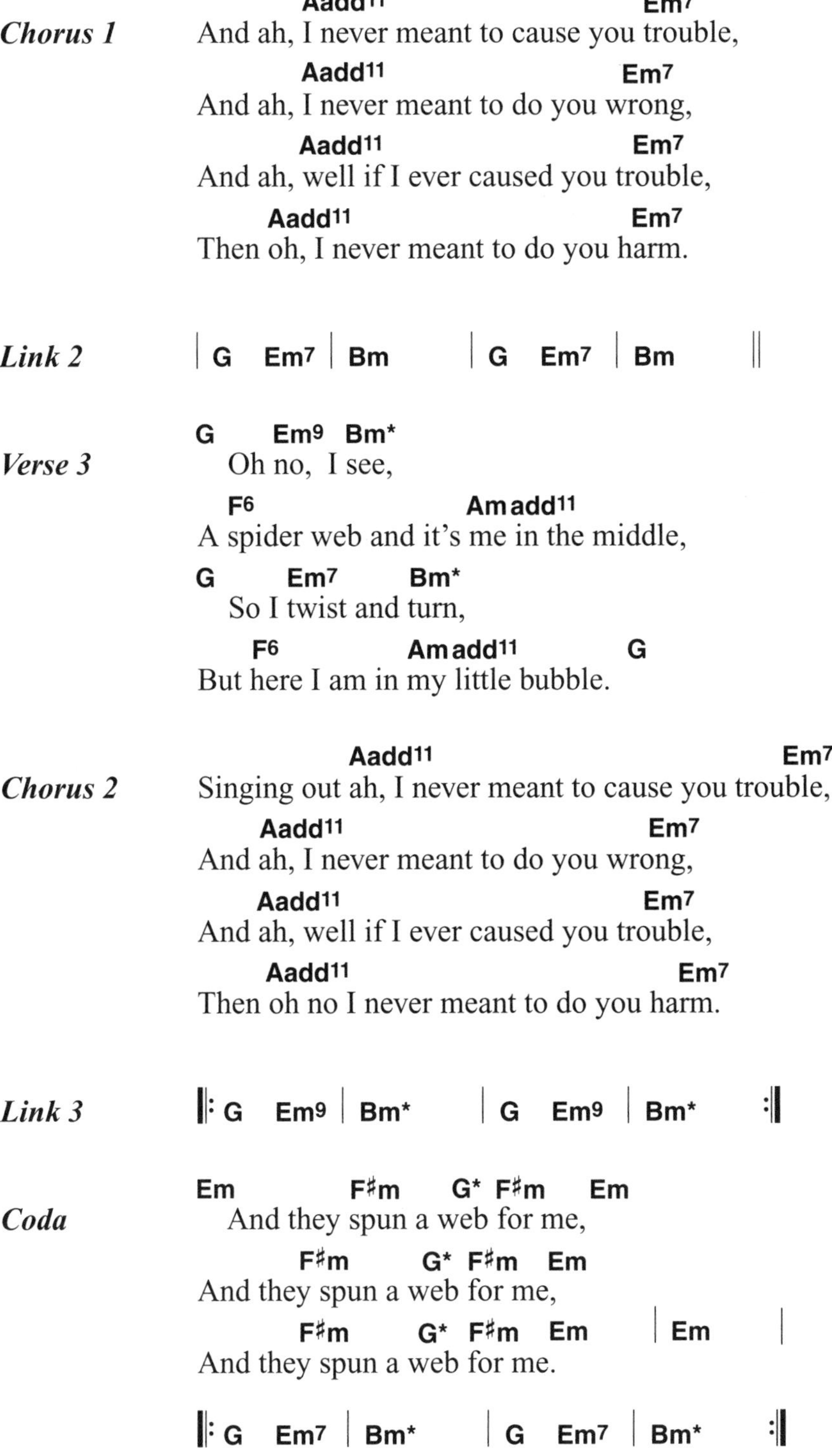

Chorus 1

Aadd11 Em7
And ah, I never meant to cause you trouble,
Aadd11 Em7
And ah, I never meant to do you wrong,
Aadd11 Em7
And ah, well if I ever caused you trouble,
Aadd11 Em7
Then oh, I never meant to do you harm.

Link 2

| G Em7 | Bm | G Em7 | Bm ||

Verse 3

G Em9 Bm*
Oh no, I see,
F6 Amadd11
A spider web and it's me in the middle,
G Em7 Bm*
So I twist and turn,
F6 Amadd11 G
But here I am in my little bubble.

Chorus 2

Aadd11 Em7
Singing out ah, I never meant to cause you trouble,
Aadd11 Em7
And ah, I never meant to do you wrong,
Aadd11 Em7
And ah, well if I ever caused you trouble,
Aadd11 Em7
Then oh no I never meant to do you harm.

Link 3

|: G Em9 | Bm* | G Em9 | Bm* :|

Coda

Em F♯m G* F♯m Em
And they spun a web for me,
F♯m G* F♯m Em
And they spun a web for me,
F♯m G* F♯m Em | Em |
And they spun a web for me.

|: G Em7 | Bm* | G Em7 | Bm* :|

Four Seasons In One Day

Words & Music by
Neil Finn & Tim Finn

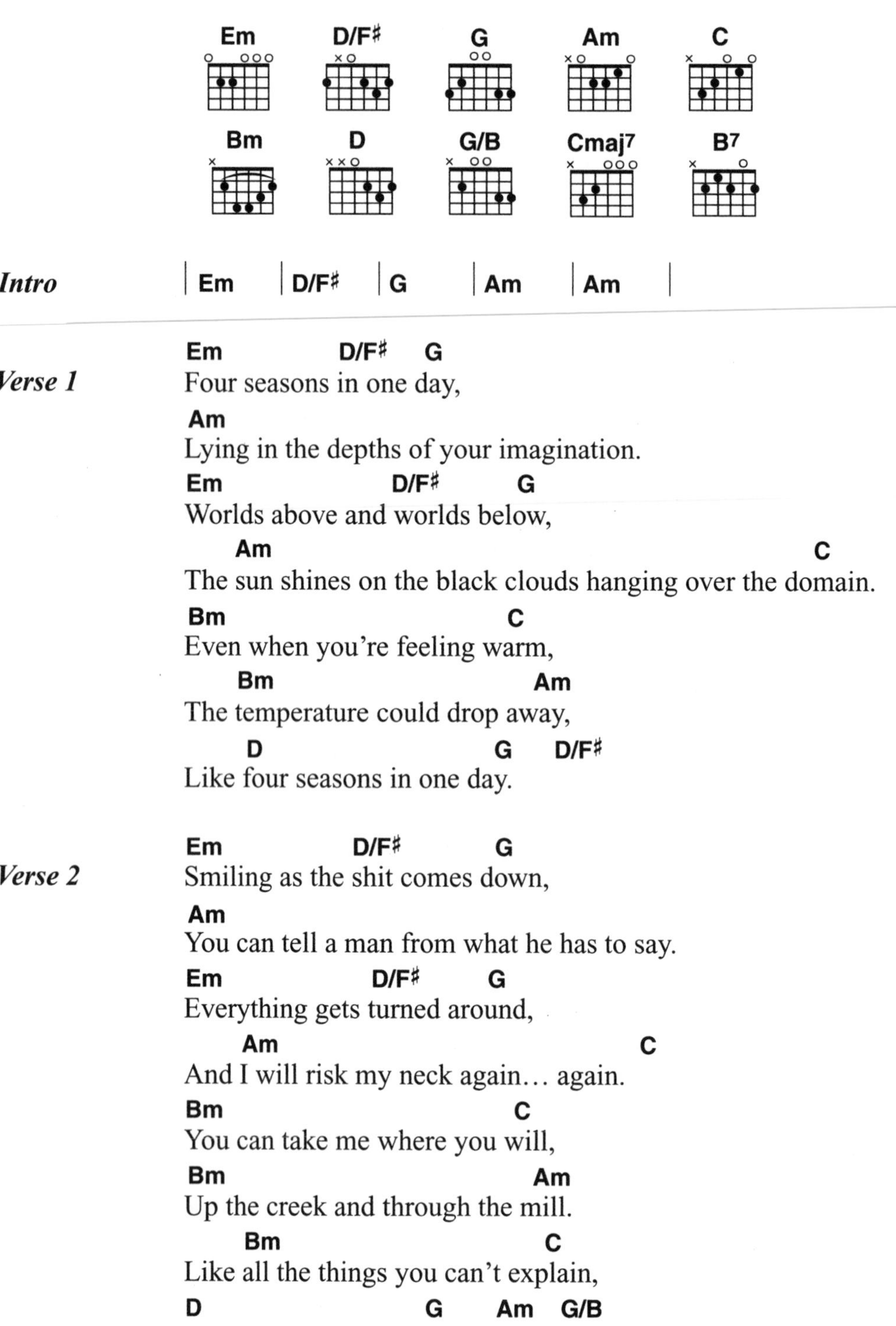

Intro | Em | D/F# | G | Am | Am |

Verse 1

Em D/F# G
Four seasons in one day,
Am
Lying in the depths of your imagination.
Em D/F# G
Worlds above and worlds below,
Am C
The sun shines on the black clouds hanging over the domain.
Bm C
Even when you're feeling warm,
Bm Am
The temperature could drop away,
D G D/F#
Like four seasons in one day.

Verse 2

Em D/F# G
Smiling as the shit comes down,
Am
You can tell a man from what he has to say.
Em D/F# G
Everything gets turned around,
Am C
And I will risk my neck again… again.
Bm C
You can take me where you will,
Bm Am
Up the creek and through the mill.
Bm C
Like all the things you can't explain,
D G Am G/B
Four seasons in one day.

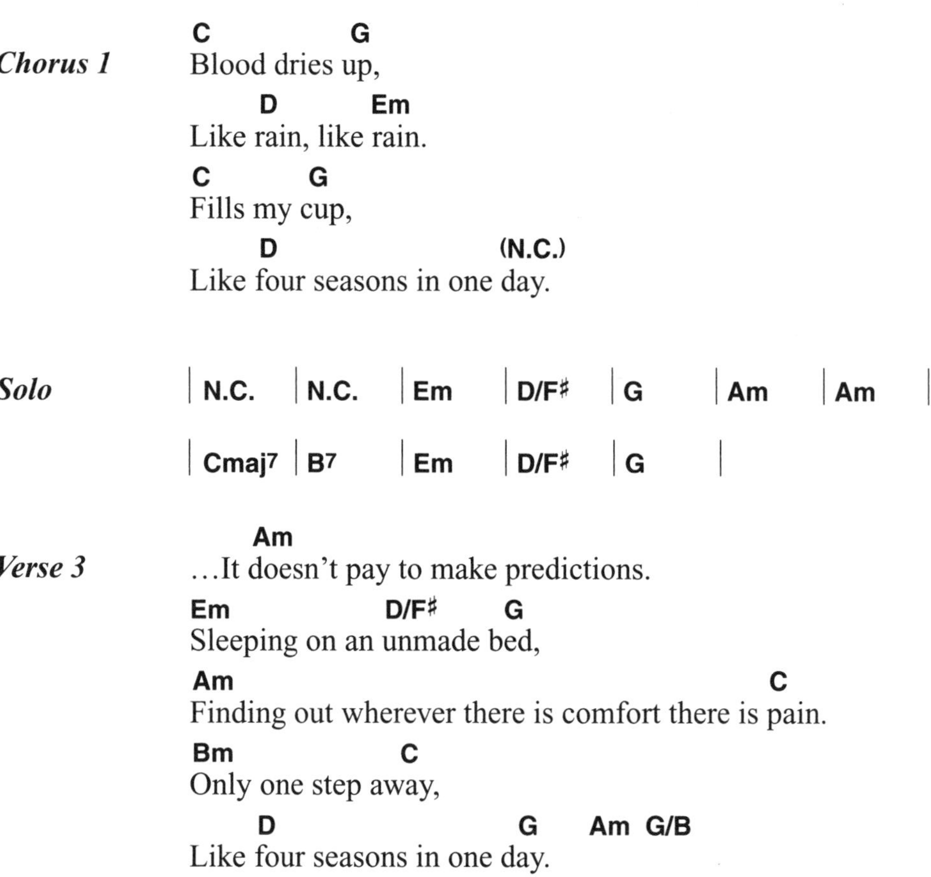

Chorus 1

C G
Blood dries up,
D Em
Like rain, like rain.
C G
Fills my cup,
D (N.C.)
Like four seasons in one day.

Solo

| N.C. | N.C. | Em | D/F♯ | G | Am | Am |

| Cmaj7 | B7 | Em | D/F♯ | G |

Verse 3

Am
…It doesn't pay to make predictions.
Em D/F♯ G
Sleeping on an unmade bed,
Am C
Finding out wherever there is comfort there is pain.
Bm C
Only one step away,
D G Am G/B
Like four seasons in one day.

Chorus 2 As Chorus 1

Mad World

Words & Music by
Roland Orzabal

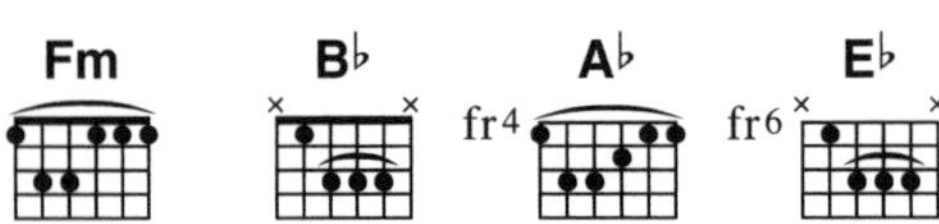

Intro | Fm | B♭ | Fm | B♭ ||

Verse 1

```
Fm                           A♭
   All around me are fa - miliar faces,
E♭                      B♭
   Worn out places, worn out faces.
Fm                                  A♭
   Bright and early for their daily races
E♭                   B♭
Going nowhere, going nowhere.
```

Verse 2

```
Fm                            A♭
   The tears are filling up their glasses,
E♭                 B♭
No expression, no expression.
Fm                               A♭
   Hide my head I wanna drown my sorrow,
E♭               B♭
No tomorrow, no tomorrow.
```

Chorus 1

```
Fm                             B♭
   And I find it kind of funny,
                    Fm
I find it kind of sad,
                                B♭                        Fm
The dreams in which I'm dying are the best I've ever had.
                    B♭
I find it hard to tell you,
                    Fm
I find it hard to take,
                               B♭
When people run in circles it's a very, very,
Fm             B♭   Fm          B♭
   Mad world,      mad world.
```

Verse 3

```
Fm                                  A♭
   Children waiting for the day they feel good,
E♭                    B♭               Fm
Happy birthday, happy birth - day,
                                A♭
And I feel the way that every child should,
E♭                B♭                Fm
Sit and listen, sit and list - en.
```

Verse 4

```
                                    A♭
Went to school and I was very nervous
E♭                       B♭
No one knew me, no one knew me.
Fm                             A♭
   Hello teacher tell me what's my lesson,
E♭                             B♭
Look right through me, look right through me.
```

Chorus 2 As Chorus 1

Outro

```
Fm                   B♭
   Enlargen your world
Fm      B♭
   Mad   world.
```

All I Need

Words & Music by
Beth Hirsch, Jean-Benoit Dunckel & Nicolas Godin

A Em Gadd9 Asus2 Cmaj7
D6 A7 C7 Emadd9 Gmaj7

Capo third fret

Intro | A | Em | Gadd9 Asus2 |
| Em | A | Em | Gadd9 Asus2 ||

Verse 1
```
Em                        A
All I need is a little time
    Em                          Gadd9    Asus2
To get behind this sun and cast my weight.
Em                          A
All I need's a peace of this mind,
              Em         Gadd9   Asus2
Then I can celebrate. ____________
```

Pre-chorus 1
```
Em                              A
All in all there's something to give,
                         (All in all there's something to give,)
Em                              Gadd9             A
All in all there's something to do,
                         (All in all there's something to do,)
Em                              A
All in all there's something to live
     Em      Gadd9    Asus2
With you, _____________
     Cmaj7  D6
With you. _____
```

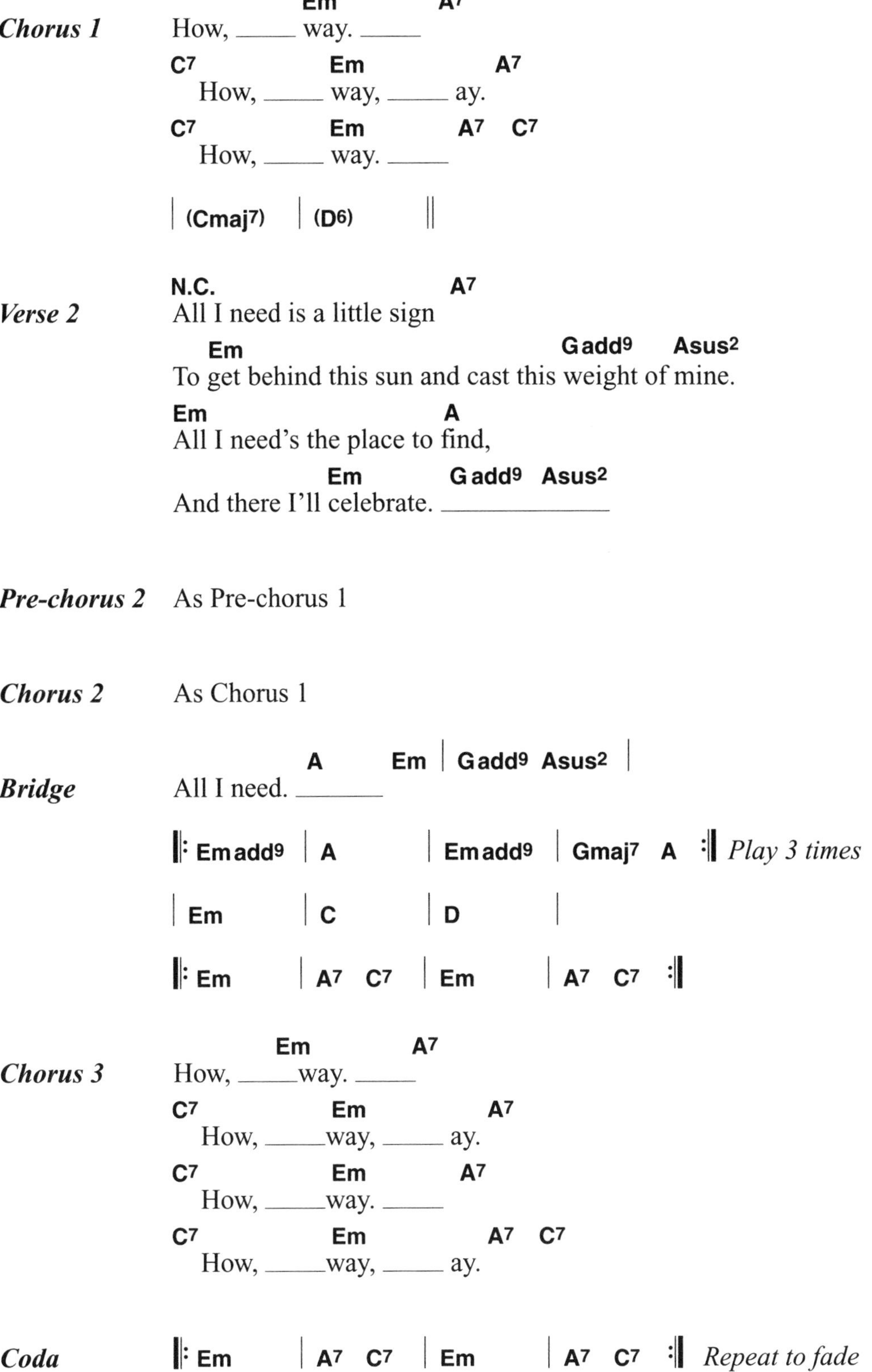

Chorus 1

Em A7
How, ____ way. ____

C7 Em A7
How, ____ way, ____ ay.

C7 Em A7 C7
How, ____ way. ____

| (Cmaj7) | (D6) ||

Verse 2

N.C. A7
All I need is a little sign

Em Gadd9 Asus2
To get behind this sun and cast this weight of mine.

Em A
All I need's the place to find,

Em Gadd9 Asus2
And there I'll celebrate. ____________

Pre-chorus 2 As Pre-chorus 1

Chorus 2 As Chorus 1

Bridge

A Em | Gadd9 Asus2 |
All I need. ______

|: Emadd9 | A | Emadd9 | Gmaj7 A :| *Play 3 times*

| Em | C | D |

|: Em | A7 C7 | Em | A7 C7 :|

Chorus 3

Em A7
How, ____way. ____

C7 Em A7
How, ____way, ____ ay.

C7 Em A7
How, ____way. ____

C7 Em A7 C7
How, ____way, ____ ay.

Coda |: Em | A7 C7 | Em | A7 C7 :| *Repeat to fade*

Fake Plastic Trees

Words & Music by
Thom Yorke, Jonny Greenwood, Colin Greenwood,
Ed O'Brien & Phil Selway

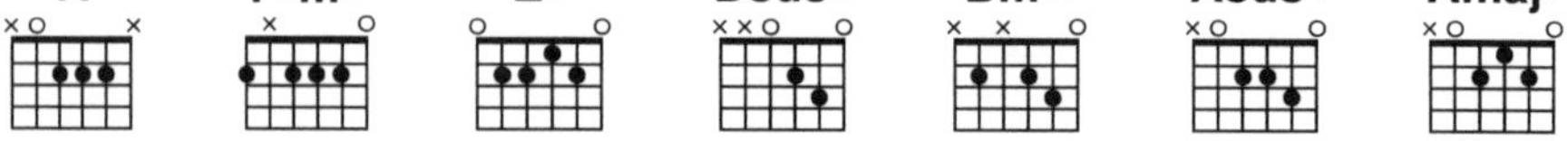

A F♯m7 E6 Dsus2 Bm11 Asus4 Amaj7

Verse 1

```
A                           F♯m7
     Her green plastic watering can
                       E6     Dsus2
For her fake Chinese rub - ber plant
         A    Dsus2
In fake plastic earth.
A                              F♯m7
    That she bought from a rubber man
                    E6      Dsus2
In a town full of rub - ber   plans.
        A        Dsus2
To get rid of itself.
```

Chorus 1

```
                 Bm11           A
And it wears her out, it wears her out.
             Bm11         A         Asus4
It wears her out, it wears her out.
```

Verse 2

```
A                         F♯m7
     She lives with a broken man
                 E6    Dsus2
A cracked polystyrene man
             A          Dsus2
Who just crumbles and burns.
A                      F♯m7
     He used to do surgery
                E6    Dsus2
For girls in the Eight - ies
            A       Dsus2
But gravity always wins.
```

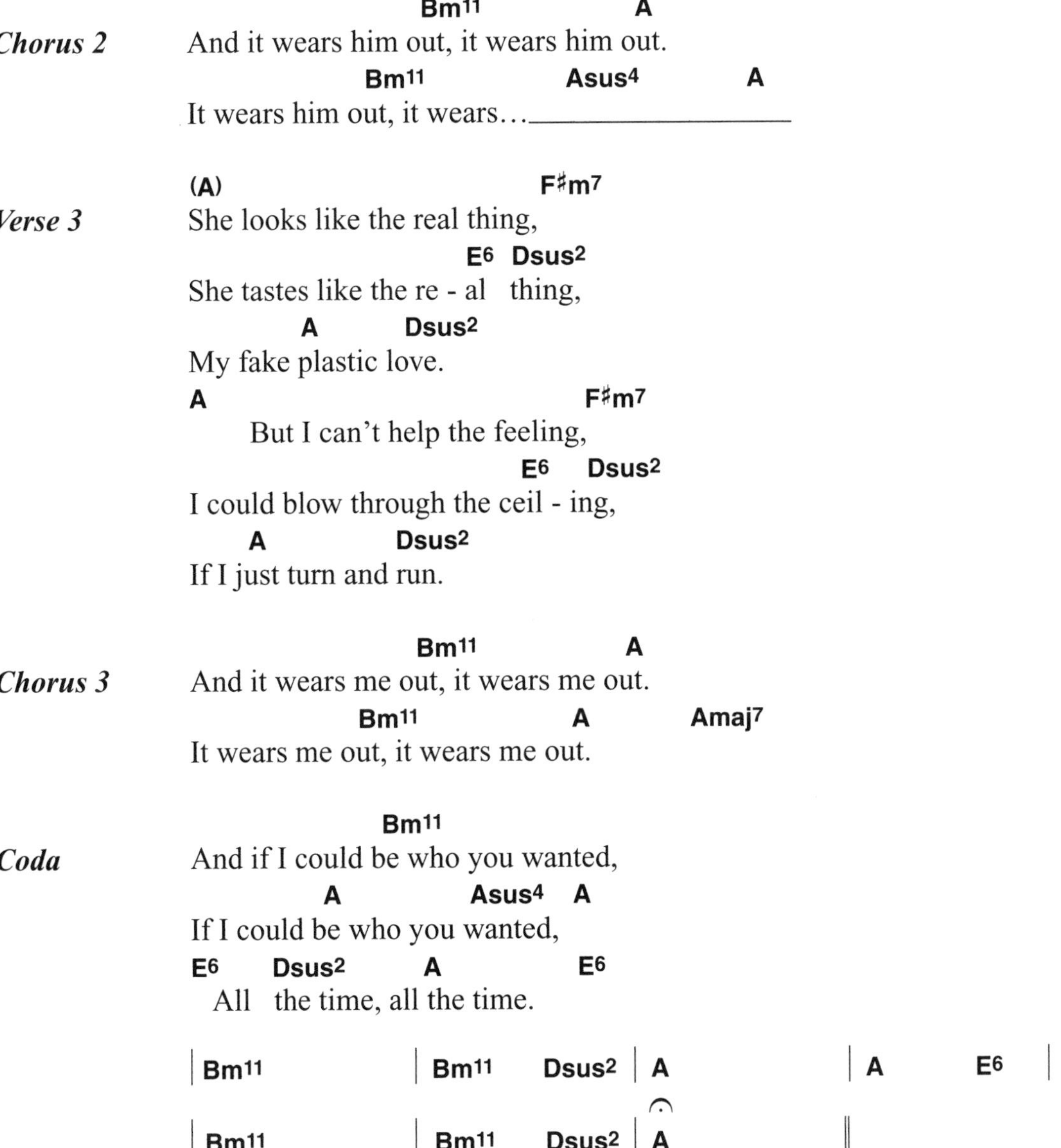

```
                        Bm11                 A
Chorus 2    And it wears him out, it wears him out.
                   Bm11             Asus4          A
            It wears him out, it wears…________________

            (A)                         F#m7
Verse 3     She looks like the real thing,
                                   E6  Dsus2
            She tastes like the re - al   thing,
                     A        Dsus2
            My fake plastic love.
            A                              F#m7
                But I can't help the feeling,
                                       E6    Dsus2
            I could blow through the ceil - ing,
                 A           Dsus2
            If I just turn and run.

                        Bm11                A
Chorus 3    And it wears me out, it wears me out.
                   Bm11            A           Amaj7
            It wears me out, it wears me out.

                      Bm11
Coda        And if I could be who you wanted,
                      A          Asus4   A
            If I could be who you wanted,
            E6     Dsus2      A           E6
              All   the time, all the time.

            | Bm11          | Bm11   Dsus2 | A             | A      E6 |
                                            (fermata)
            | Bm11          | Bm11   Dsus2 | A             ||
```

The One I Love

Words & Music by
Peter Buck, Bill Berry, Mike Mills & Michael Stipe

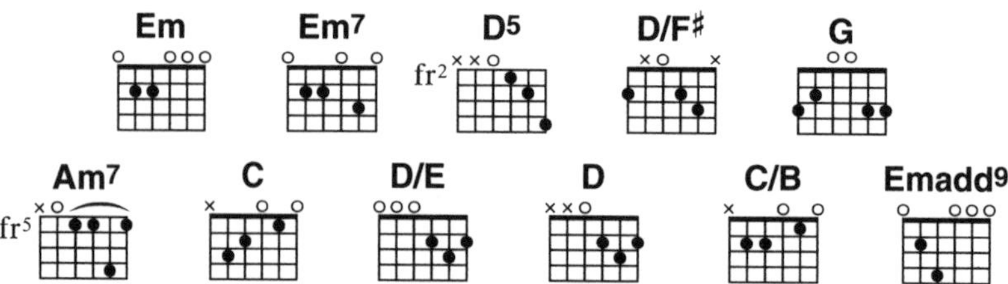

Tune guitar down 1 semitone

Intro | Em | Em Em7 | Em | Em Em7 |

Verse 1

```
Em                 D5            Em   Em7  Em   Em7
This one goes out to the one I love,
Em                 D5              Em Em7  Em   D/F♯
This one goes out to the one I've left behind.
G              D5    Am7           C
   A simple prop to occupy my time,
Em                 D5            Em   Em7  Em   Em7
This one goes out to the one I love.
```

Verse 2 As Verse 1

Chorus 1

```
  (Em) D/E    Em   Em7  Em   Em7
Fire__________
   Em  D/E    Em   Em7  Em   Em7
Fire.__________
```

Verse 3

```
Em                 D5            Em   Em7  Em   Em7
This one goes out to the one I love,
Em                 D5              Em Em7  Em   D/F♯
This one goes out to the one I've left behind.
G             D5      Am7            C
   Another prop has occupied my time,
Em                 D5           Em   Em7   Em   Em7
This one goes out to the one I love.
```

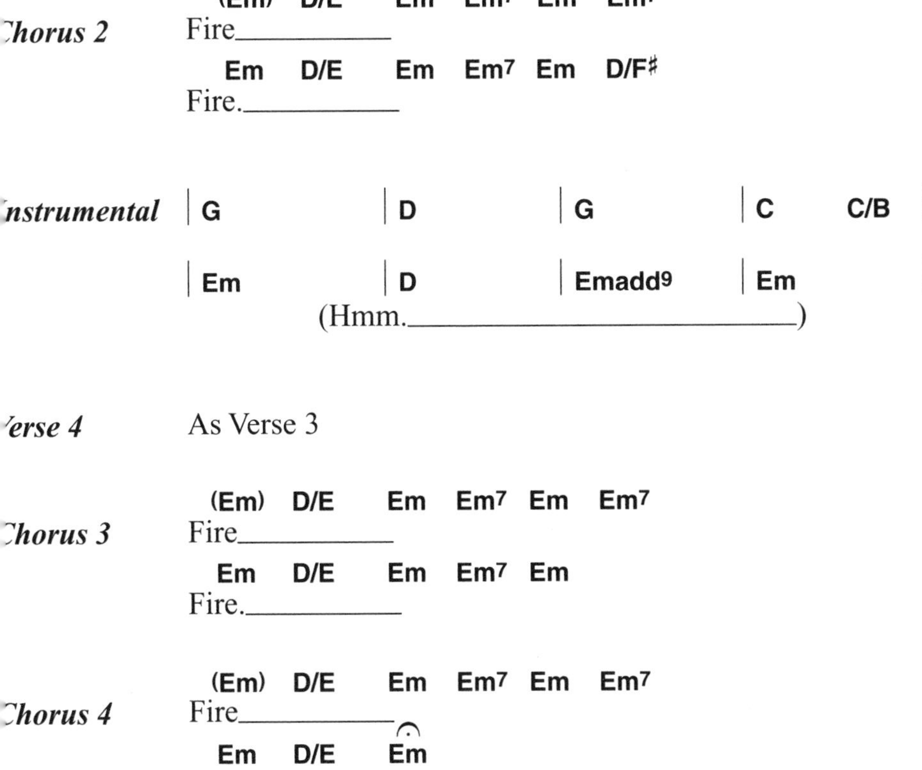

Chorus 2

(Em) D/E Em Em7 Em Em7
Fire__________
Em D/E Em Em7 Em D/F#
Fire.__________

Instrumental

| **G** | **D** | **G** | **C C/B** |
| **Em** | **D** | **Emadd9** | **Em** |
(Hmm.________________________)

Verse 4

As Verse 3

Chorus 3

(Em) D/E Em Em7 Em Em7
Fire__________
Em D/E Em Em7 Em
Fire.__________

Chorus 4

(Em) D/E Em Em7 Em Em7
Fire__________
Em D/E Em (fermata)
Fire.__________

Suzanne

Words & Music by
Leonard Cohen

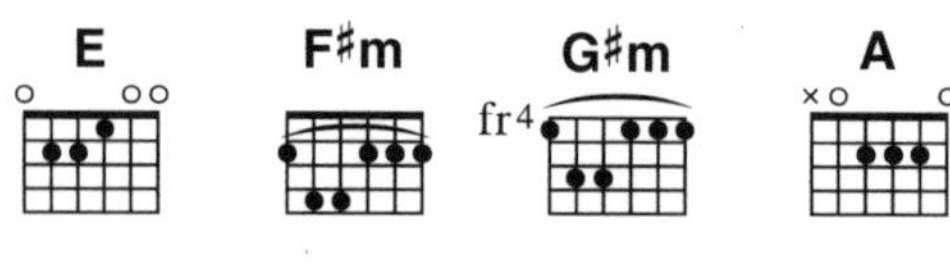

Intro | E | E | E | E ||

Verse 1

```
   E
Suzanne takes you down to her place near the river:
          F♯m
You can hear the boats go by,

You can spend the night beside her,
          E
And you know that she's half crazy

But that's why you want to be there,
          G♯m
And she feeds you tea and oranges
             A
That come all the way from China,
         E
And just when you mean to tell her
           F♯m
That you have no love to give her
           E
Then she gets you on her wavelength
          F♯m
And she lets the river answer
              E
That you've always been her lover.
```

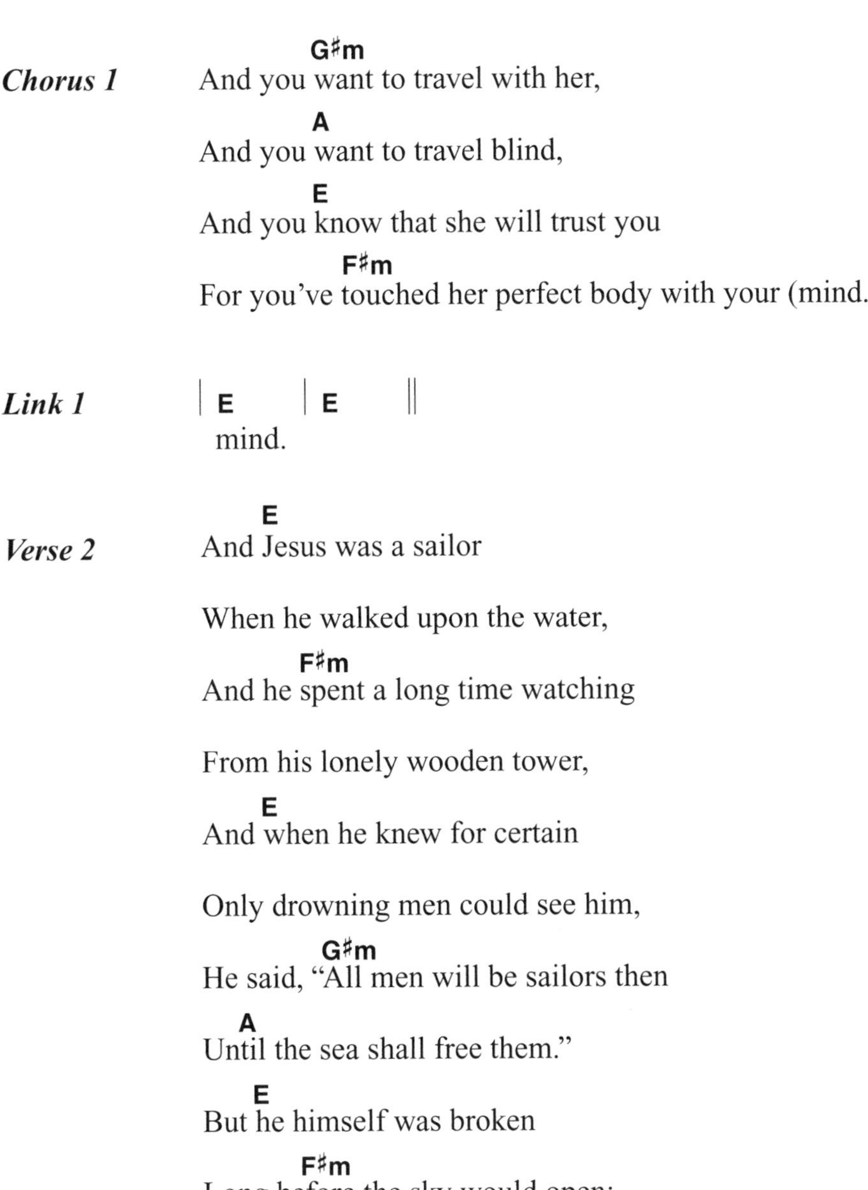

Chorus 1

G♯m
And you want to travel with her,
A
And you want to travel blind,
E
And you know that she will trust you
F♯m
For you've touched her perfect body with your (mind.)

Link 1

| E | E ‖
mind.

Verse 2

E
And Jesus was a sailor
When he walked upon the water,
F♯m
And he spent a long time watching
From his lonely wooden tower,
E
And when he knew for certain
Only drowning men could see him,
G♯m
He said, "All men will be sailors then
A
Until the sea shall free them."
E
But he himself was broken
F♯m
Long before the sky would open:
E
Forsaken, almost human,
F♯m E
He sank beneath your wisdom like a stone.

Chorus 2

And you want to travel with him,
A
And you want to travel blind,
E
And you think maybe you'll trust him
F♯m
For he's touched your perfect body with his (mind.)

Link 2

| E | E ‖
mind.

Verse 3

E
Now Suzanne takes your hand

And she leads you to the river.
F♯m
She is wearing rags and feathers

From Salvation Army counters,
E
And the sun pours down like honey

On our lady of the harbour,
G♯m
And she shows you where to look
A
Among the garbage and the flowers:
E
There are heroes in the seaweed,
F♯m
There are children in the morning,
E
They are leaning out for love
F♯m
And they will lean that way forever,
E
While Suzanne holds the mirror.

Chorus 3

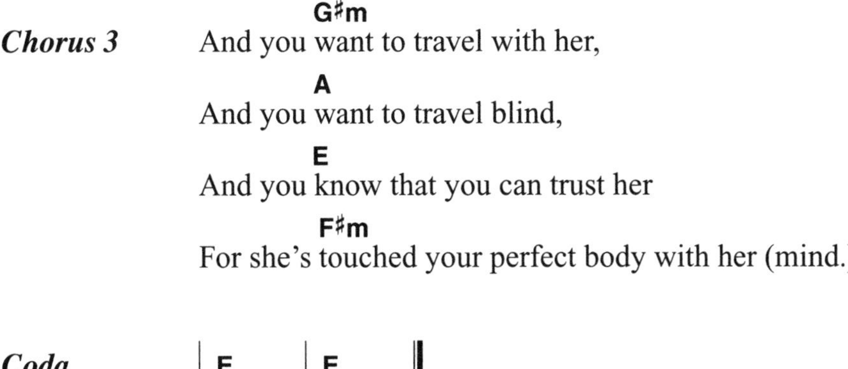

G♯m
And you want to travel with her,

A
And you want to travel blind,

E
And you know that you can trust her

F♯m
For she's touched your perfect body with her (mind.)

Coda

| E | E ‖
mind.

Hallelujah

Words & Music by
Leonard Cohen

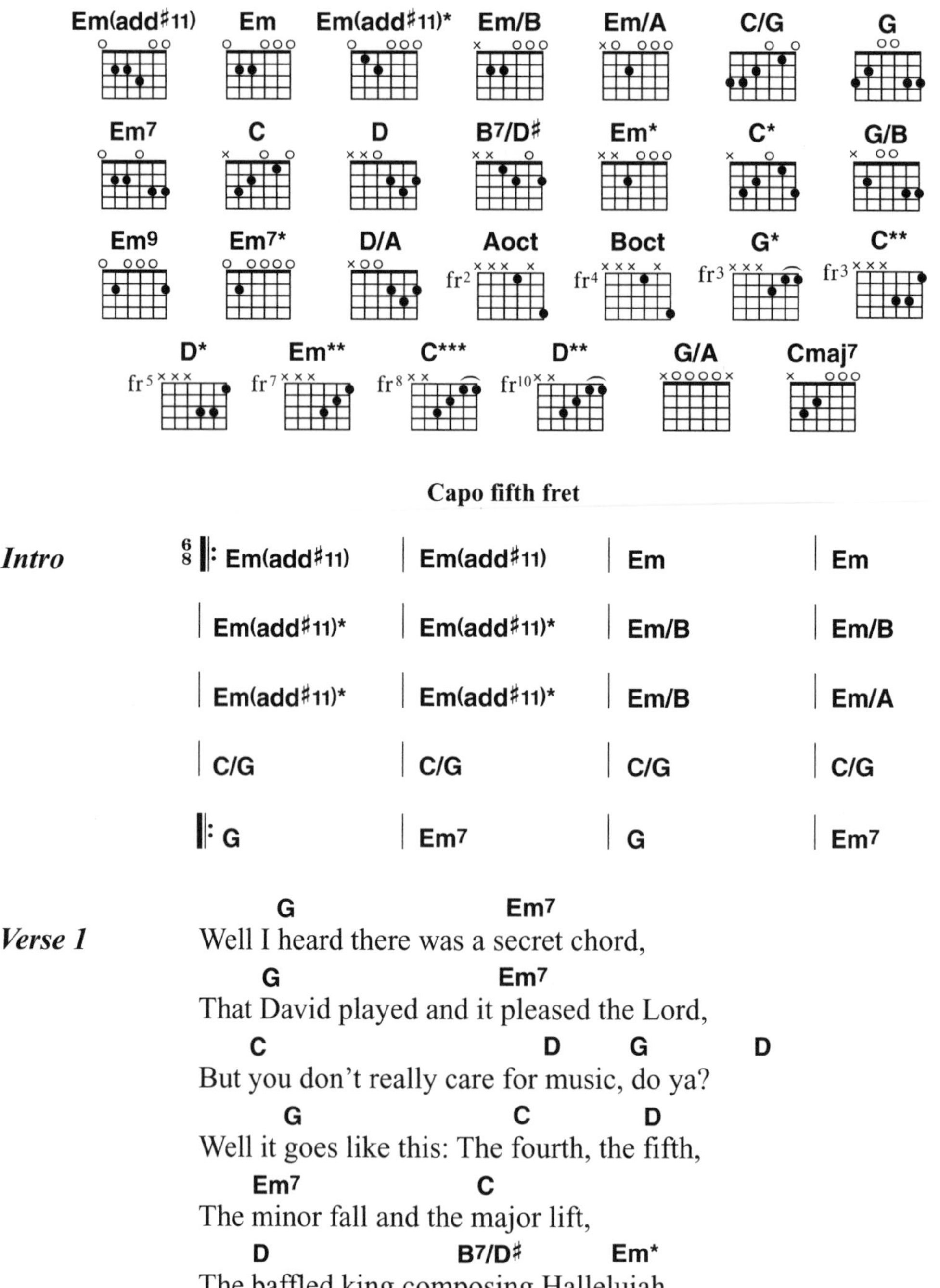

Capo fifth fret

Intro

6/8 ‖: Em(add♯11)	Em(add♯11)	Em	Em :‖
Em(add♯11)*	Em(add♯11)*	Em/B	Em/B
Em(add♯11)*	Em(add♯11)*	Em/B	Em/A
C/G	C/G	C/G	C/G
‖: G	Em7	G	Em7 :‖

Verse 1

```
          G                     Em7
Well I heard there was a secret chord,
        G                   Em7
That David played and it pleased the Lord,
     C                        D       G         D
But you don't really care for music, do ya?
          G                 C          D
Well it goes like this: The fourth, the fifth,
      Em7                C
The minor fall and the major lift,
      D                B7/D♯       Em*
The baffled king composing Hallelujah.
```

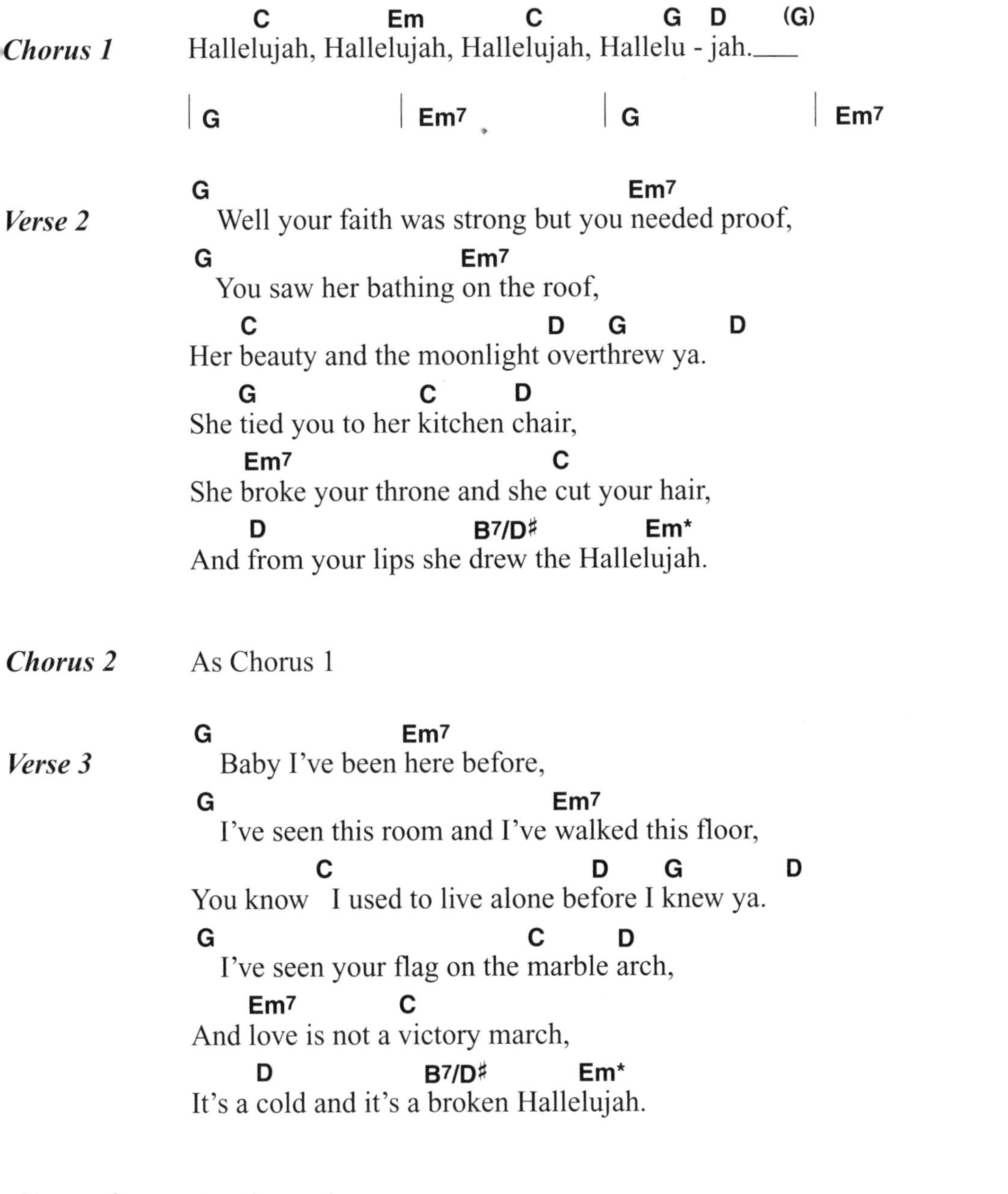

Chorus 1

C Em C G D (G)
Hallelujah, Hallelujah, Hallelujah, Hallelu - jah.___

| G | Em7 | G | Em7 |

Verse 2

G Em7
Well your faith was strong but you needed proof,
G Em7
You saw her bathing on the roof,
C D G D
Her beauty and the moonlight overthrew ya.
G C D
She tied you to her kitchen chair,
Em7 C
She broke your throne and she cut your hair,
D B7/D♯ Em*
And from your lips she drew the Hallelujah.

Chorus 2 As Chorus 1

Verse 3

G Em7
Baby I've been here before,
G Em7
I've seen this room and I've walked this floor,
C D G D
You know I used to live alone before I knew ya.
G C D
I've seen your flag on the marble arch,
Em7 C
And love is not a victory march,
D B7/D♯ Em*
It's a cold and it's a broken Hallelujah.

Chorus 3 As Chorus 1

Verse 4

```
                G                          Em7
Well there was a time when you let me know,
G                       Em7
  What's really going on below,
    C                            D    G     D
But now you never show that to me do ya?
     G                  C       D
But remember when I moved in you,
Em7                          C
  And the holy dove was moving too,
    D                  B7/D♯          Em*
And every breath we drew was Hallelujah.
```

Chorus 4

```
     C           Em          C           G   D     (C*)
Hallelujah, Hallelujah, Hallelujah, Hallelu - jah.___
```

Instrumental

C*	C* G/B	Em9	Em9 Em7*
C	C	G/B	D/A
G	Em7	G	Em7
C	C* Aoct	Boct	Aoct
G*	C** D*	Em**	C***
D**	D**	Em**	Em**
C***	C***	D**	D**

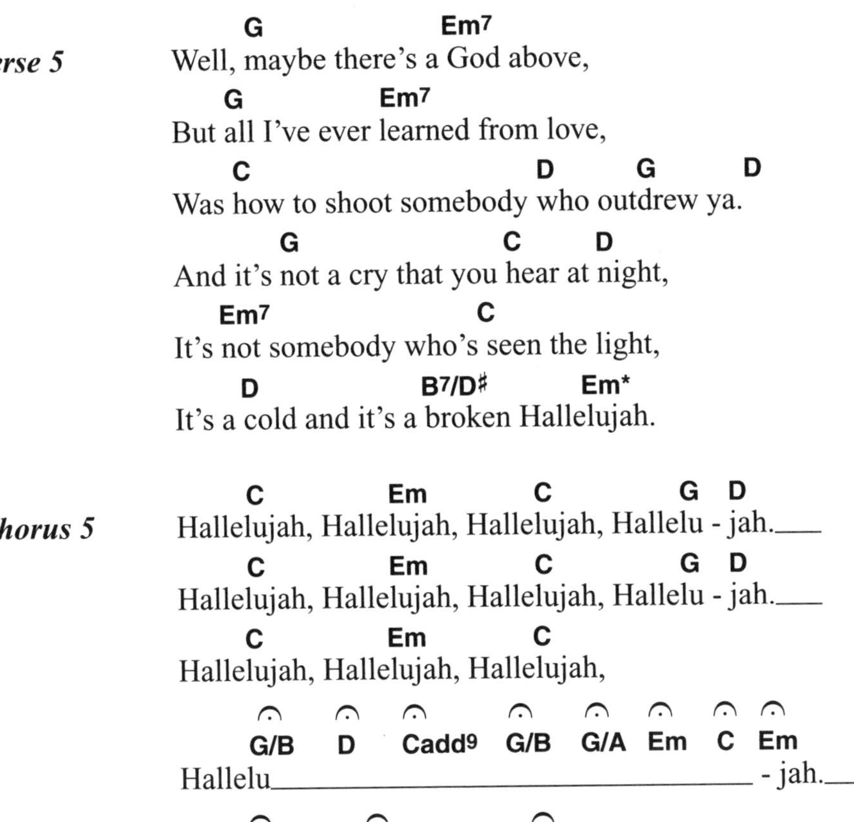

Verse 5

G Em7
Well, maybe there's a God above,
G Em7
But all I've ever learned from love,
C D G D
Was how to shoot somebody who outdrew ya.
G C D
And it's not a cry that you hear at night,
Em7 C
It's not somebody who's seen the light,
D B7/D♯ Em*
It's a cold and it's a broken Hallelujah.

Chorus 5

C Em C G D
Hallelujah, Hallelujah, Hallelujah, Hallelu - jah.___
C Em C G D
Hallelujah, Hallelujah, Hallelujah, Hallelu - jah.___
C Em C
Hallelujah, Hallelujah, Hallelujah,
G/B D Cadd9 G/B G/A Em C Em
Hallelu______________________________ - jah.___
Cmaj7 D G
Hallelu______________ - jah.___

The Man With The Child In His Eyes

Words & Music by
Kate Bush

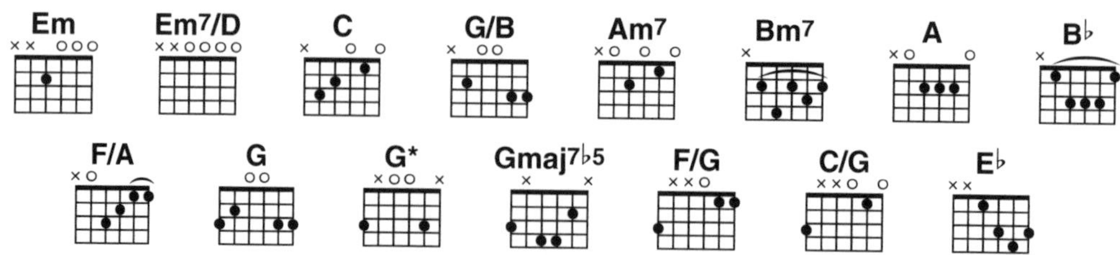

Verse 1

```
Em Em7/D                C          G/B
   I hear him before I go to sleep,
                   Am7
And focus on the day that's been.
Em       Em/D
   I rea - lise he's there,
           C            G/B           Am7
When I turn the light off and turn over.
Bm7         A
   Nobody knows about my man,
B♭                    F/A          G
   They think he's lost on some horizon.
```

Pre-chorus 1

```
     G            Gmaj7♭5
And suddenly I find myself,
F/G                C/G                 E♭
Listening to a man I've never known before,
G*               Gmaj7♭5
Telling me a - bout the sea,
F/G        C/G        E♭
   All his love 'til e - ternity.
```

Chorus 1

```
C              B♭
Ooh, he's here again,
                         F/A          C
The man with the child in his eyes.
C             B♭
Ooh, he's here again,
                         F/A          C     | C
The man with the child in his eyes.
```

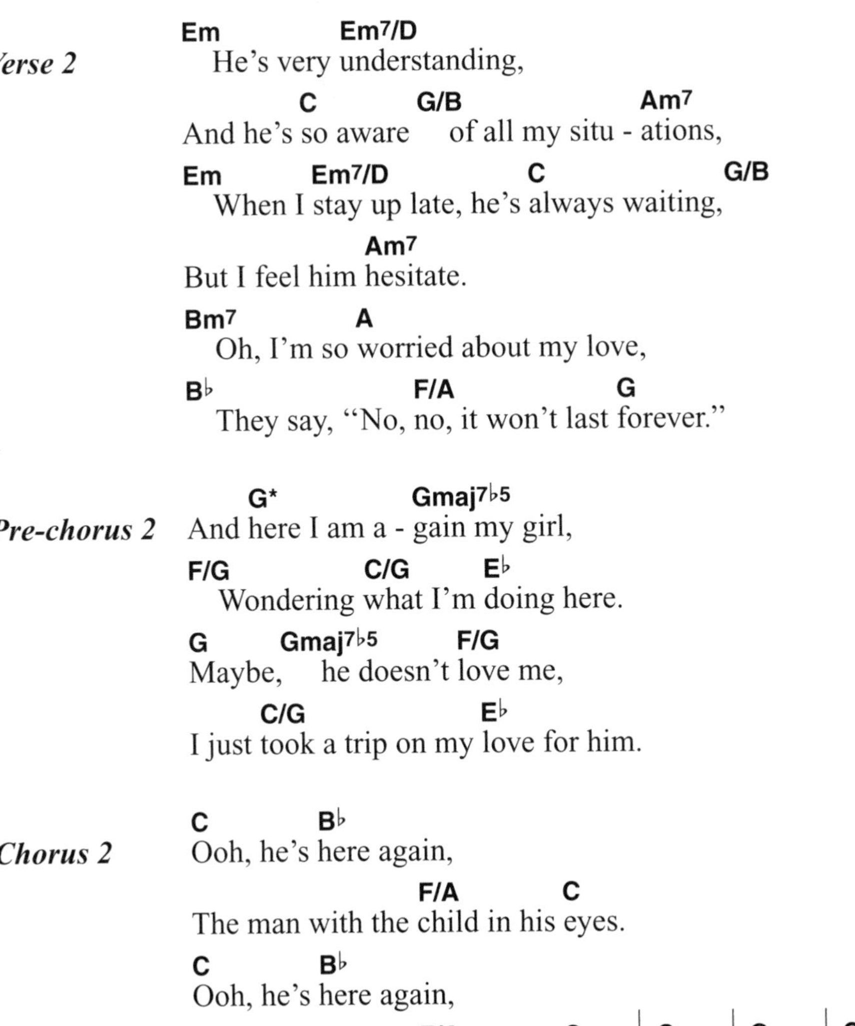

Verse 2

Em Em7/D
He's very understanding,

C G/B Am7
And he's so aware of all my situ - ations,

Em Em7/D C G/B
When I stay up late, he's always waiting,

Am7
But I feel him hesitate.

Bm7 A
Oh, I'm so worried about my love,

B♭ F/A G
They say, "No, no, it won't last forever."

Pre-chorus 2

G* Gmaj7♭5
And here I am a - gain my girl,

F/G C/G E♭
Wondering what I'm doing here.

G Gmaj7♭5 F/G
Maybe, he doesn't love me,

C/G E♭
I just took a trip on my love for him.

Chorus 2

C B♭
Ooh, he's here again,

F/A C
The man with the child in his eyes.

C B♭
Ooh, he's here again,

F/A C | C | C | C
The man with the child in his eyes.

Surf's Up

Words & Music by
Brian Wilson & Van Dyke Parks

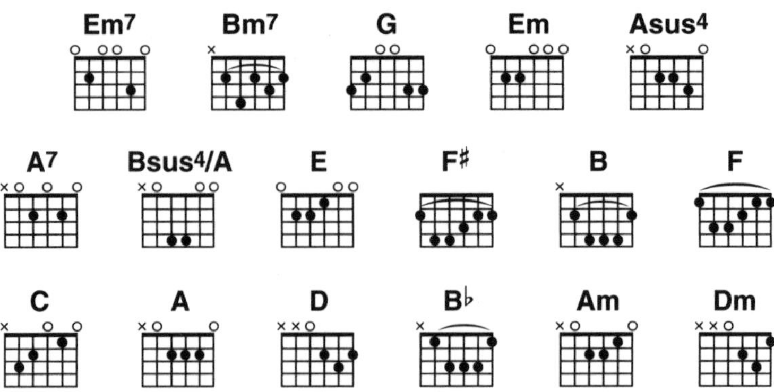

Capo third fret

Verse 1

```
Em7
   A diamond necklace played the pawn,

Hand in hand some drummed along, oh,
Bm7
   To a handsome man and baton.
Em7
   A blind class aristocracy,

Back through the opera glass you see,
Bm7
   The pit and the pendulum drawn.
G          Em          Asus4  A7   Bsus4/A
   Columnated ruins dom  -  i  -  no.
E                                F♯
Canvass the town and brush the backdrop,
         B
Are you sleeping?
```

Verse 2

```
Em7
   Hung velvet overtaken me,

Dim chandelier awaken me,
Bm7
   To a song dissolved in the dawn.
Em7
   The music hall a costly bow,
```

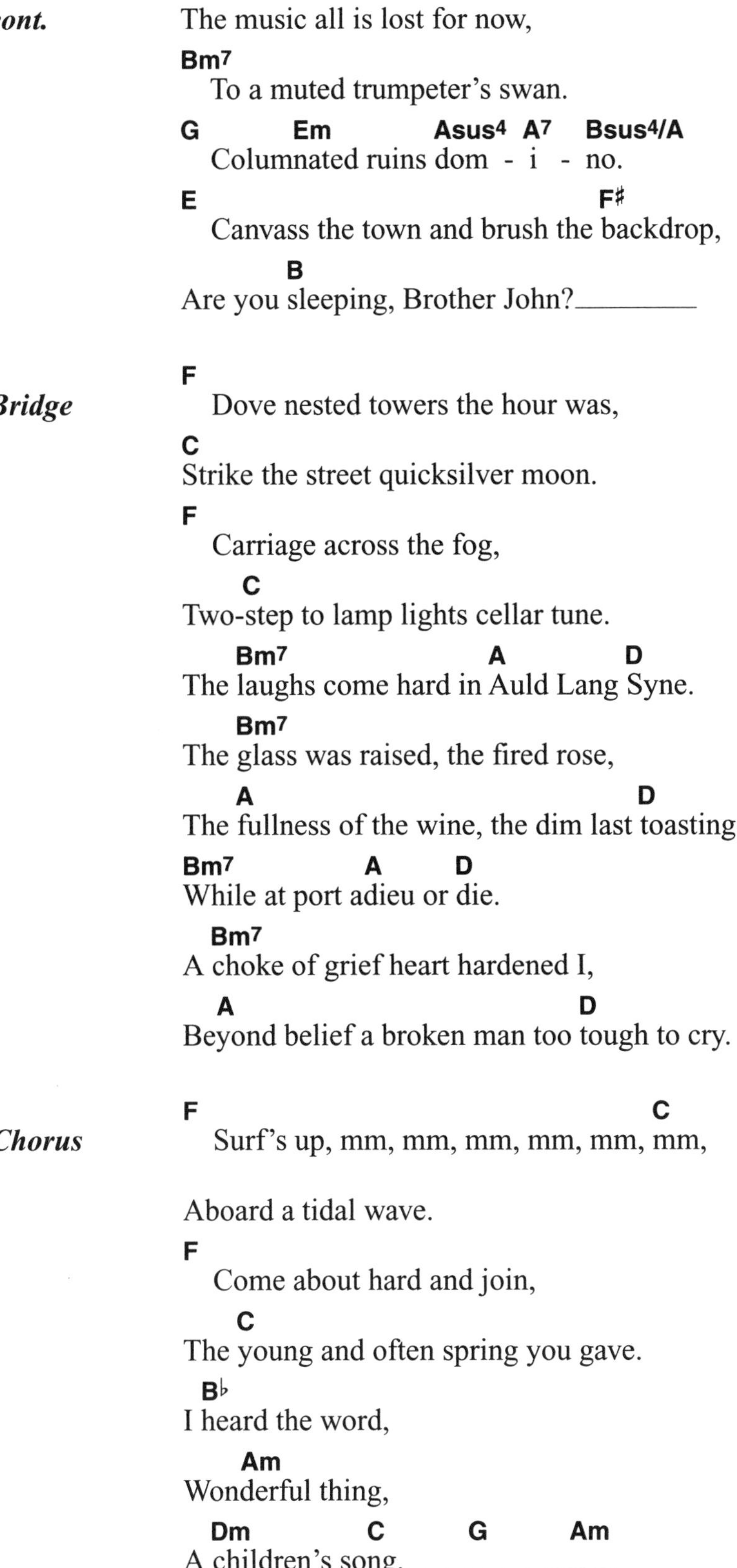

cont.

The music all is lost for now,

Bm7
To a muted trumpeter's swan.

G Em Asus4 A7 Bsus4/A
Columnated ruins dom - i - no.

E F♯
Canvass the town and brush the backdrop,

B
Are you sleeping, Brother John?________

Bridge

F
Dove nested towers the hour was,

C
Strike the street quicksilver moon.

F
Carriage across the fog,

C
Two-step to lamp lights cellar tune.

Bm7 A D
The laughs come hard in Auld Lang Syne.

Bm7
The glass was raised, the fired rose,

A D
The fullness of the wine, the dim last toasting.

Bm7 A D
While at port adieu or die.

Bm7
A choke of grief heart hardened I,

A D
Beyond belief a broken man too tough to cry.

Chorus

F C
Surf's up, mm, mm, mm, mm, mm, mm,

Aboard a tidal wave.

F
Come about hard and join,

C
The young and often spring you gave.

B♭
I heard the word,

Am
Wonderful thing,

Dm C G Am
A children's song. ______________

```
        Dm          C             G             Am
cont.   Child___________________________________
          Dm      C
        A children's song,
                 G               Am
        Have you listened as they played?
            Dm    C
        Their song is love,
                G                 Am
        And the children know the way.

               Dm    C
Outro   ||: Na, na, na, na________
               G                 Am
        Na, na, na,__ na, na, na, na.__   :||  Repeat to fade
```

Vincent

Words & Music by
Don McLean

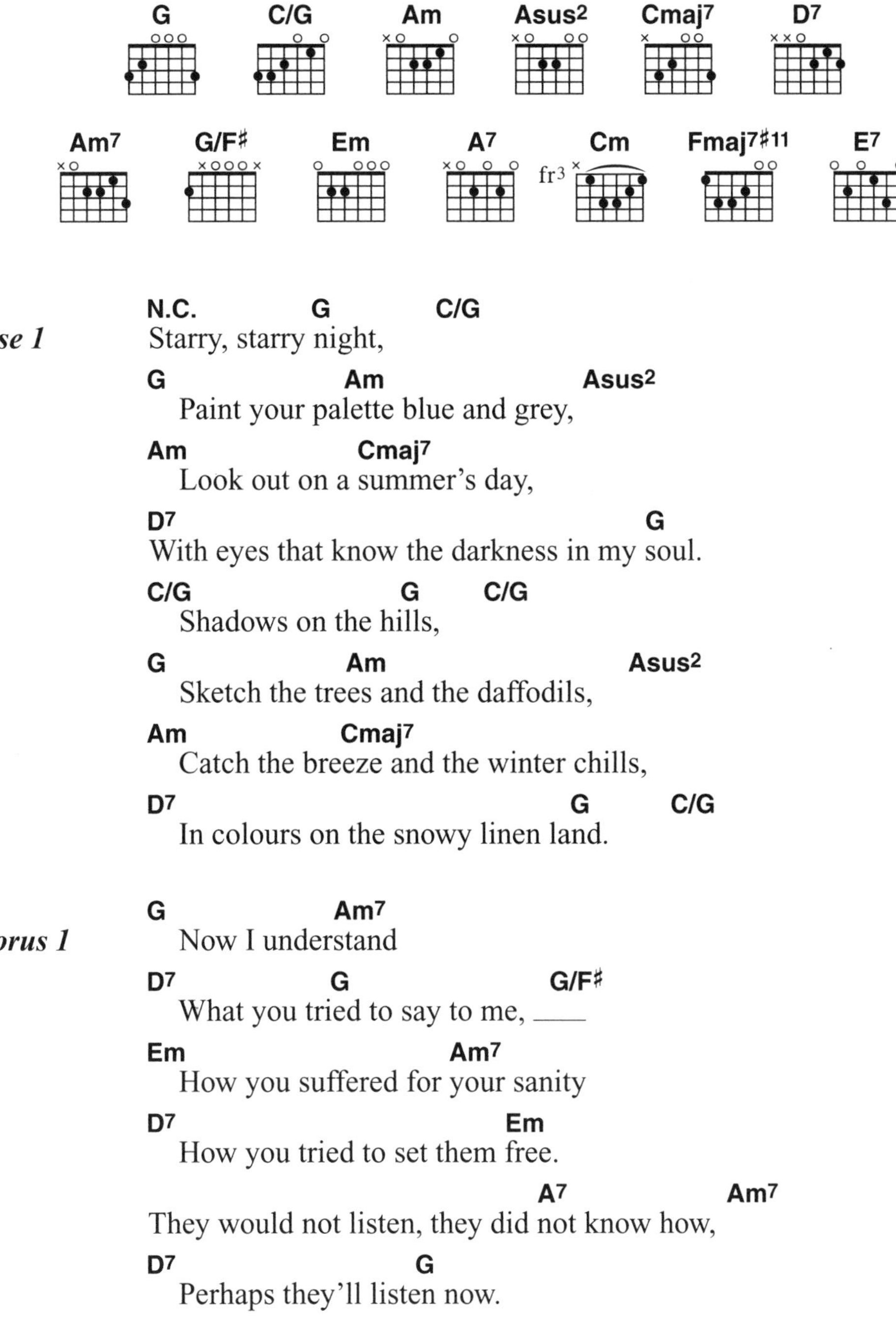

Verse 1

N.C. G C/G
Starry, starry night,

G Am Asus2
Paint your palette blue and grey,

Am Cmaj7
Look out on a summer's day,

D7 G
With eyes that know the darkness in my soul.

C/G G C/G
Shadows on the hills,

G Am Asus2
Sketch the trees and the daffodils,

Am Cmaj7
Catch the breeze and the winter chills,

D7 G C/G
In colours on the snowy linen land.

Chorus 1

G Am7
Now I understand

D7 G G/F♯
What you tried to say to me, ____

Em Am7
How you suffered for your sanity

D7 Em
How you tried to set them free.

A7 Am7
They would not listen, they did not know how,

D7 G
Perhaps they'll listen now.

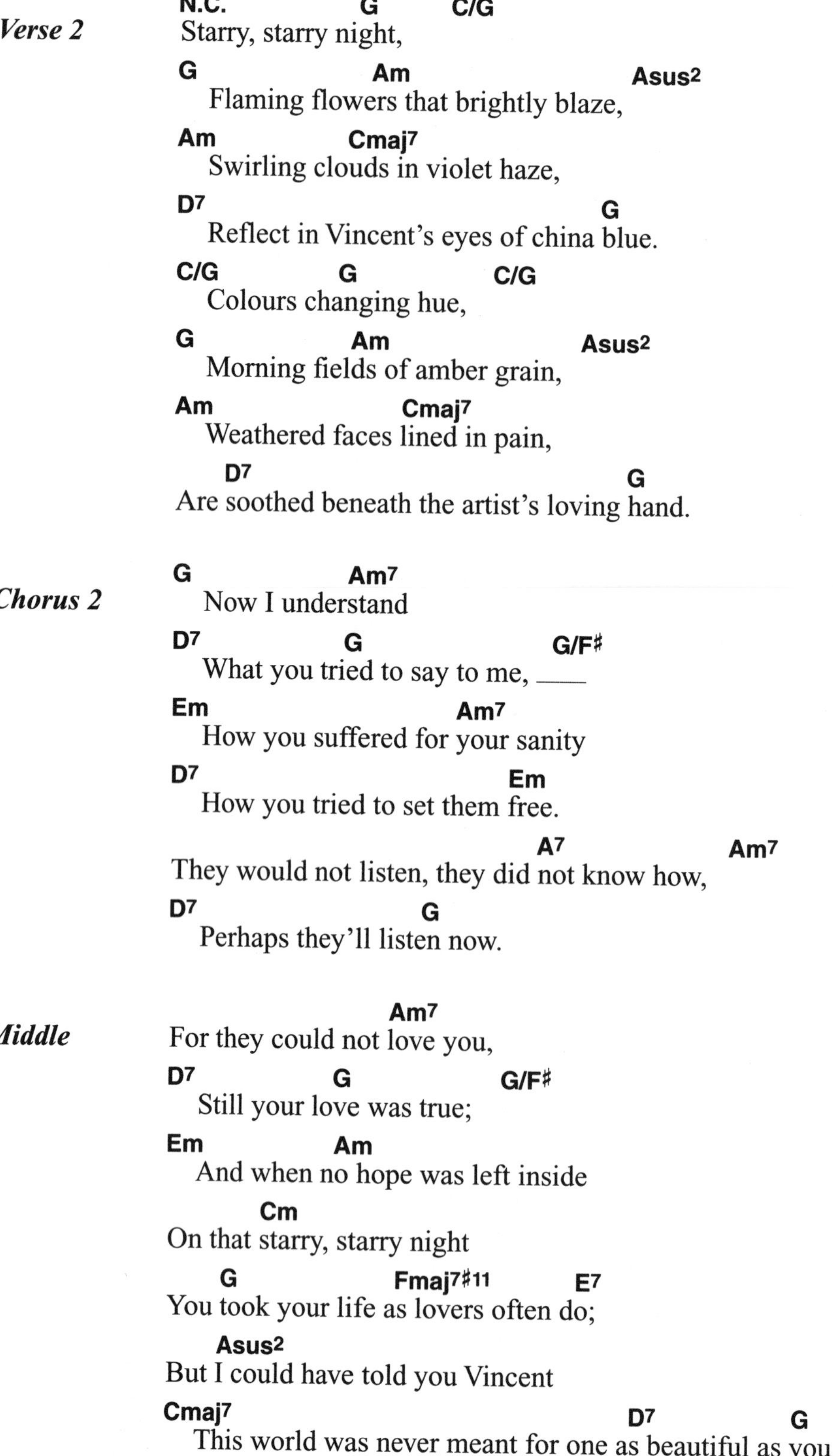

```
Verse 2     N.C.          G      C/G
            Starry, starry night,

            G              Am                    Asus2
              Flaming flowers that brightly blaze,

            Am           Cmaj7
              Swirling clouds in violet haze,

            D7                                 G
              Reflect in Vincent's eyes of china blue.

            C/G          G           C/G
              Colours changing hue,

            G              Am                Asus2
              Morning fields of amber grain,

            Am                   Cmaj7
              Weathered faces lined in pain,

              D7                              G
            Are soothed beneath the artist's loving hand.


            G             Am7
Chorus 2      Now I understand

            D7            G              G/F#
              What you tried to say to me, ___

            Em                    Am7
              How you suffered for your sanity

            D7                     Em
              How you tried to set them free.

                                           A7               Am7
            They would not listen, they did not know how,

            D7                    G
              Perhaps they'll listen now.


                                     Am7
Middle      For they could not love you,

            D7            G            G/F#
              Still your love was true;

            Em          Am
              And when no hope was left inside

                      Cm
            On that starry, starry night

                 G                Fmaj7#11      E7
            You took your life as lovers often do;

                 Asus2
            But I could have told you Vincent

            Cmaj7                                        D7         G
              This world was never meant for one as beautiful as you.
```

Verse 3

```
N.C.                G         C/G
Starry, starry night,
G               Am                    Asus2
   Portraits hung in empty halls,
Am                    Cmaj7
   Frameless heads on nameless walls,
D7                                                  G
   With eyes that watch the world and can't forget.
                                            C/G
Like the strangers that you've met,
G                   Am                  Asus2
   The ragged men in ragged clothes,
Am               Cmaj7
   The silver thorn of bloody rose,
  D7                                      G
Lie crushed and broken on the virgin snow.
```

Chorus 3

```
                 Am7    D7
Now I think I know ___
               G          G/F#
What you tried to say to me,
Em                             Am7
   And how you suffered for your sanity,
D7                       Em
   How you tried to set them free.
                                         A7             Am7
They would not listen, they're not listening still,
D7                    G       C/G    G
Perhaps they never will.
```

At Seventeen

Words & Music by
Janis Ian

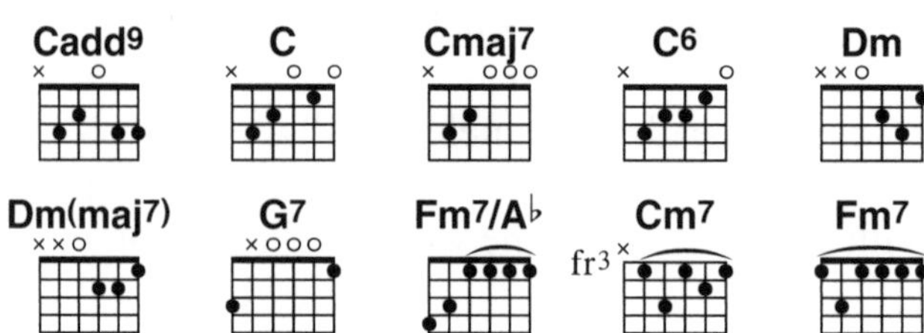

Intro ‖: Cadd9 C Cmaj7 | C6 :‖

Verse 1

```
C
I learned the truth at seventeen,
          Dm                        Dm(maj7)  Dm
That love was meant for beauty      queens.
G7
   And high school girls with clear skin smiles,
C                                              Cadd9  C  Cmaj7 | C6
   Who married young, and then retired.
```

Verse 2

```
       C
The valentines I never knew,
      Dm                    Dm(maj7)  Dm
The Friday night cha - rades of    youth.
G7
   Were spent on one more beautiful,
C                                 Cadd9  C  Cmaj7 | C6
   At seventeen I learnt the truth.
```

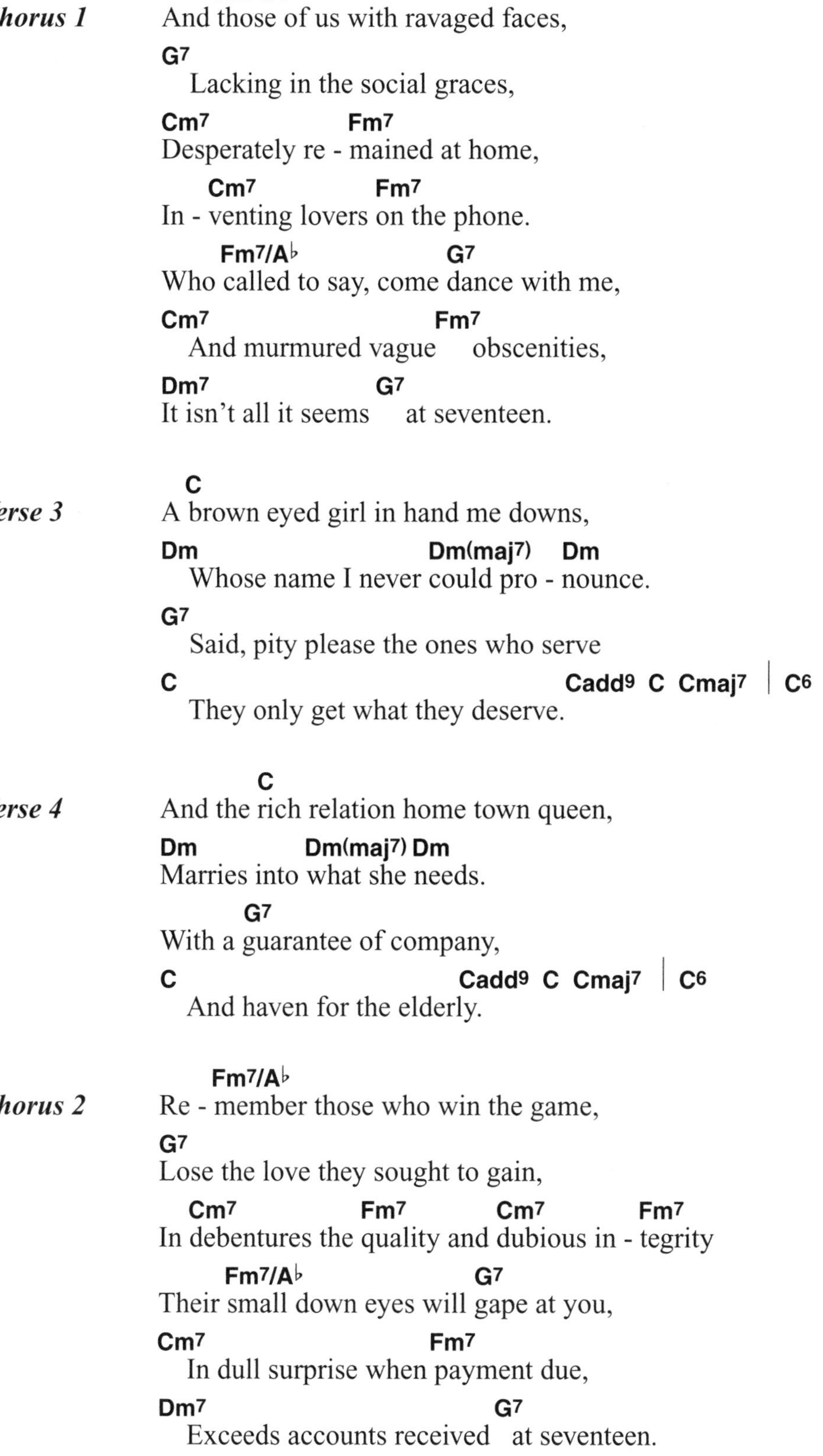

Chorus 1

Fm7/A♭
And those of us with ravaged faces,
G7
Lacking in the social graces,
Cm7 Fm7
Desperately re - mained at home,
Cm7 Fm7
In - venting lovers on the phone.
Fm7/A♭ G7
Who called to say, come dance with me,
Cm7 Fm7
And murmured vague obscenities,
Dm7 G7
It isn't all it seems at seventeen.

Verse 3

C
A brown eyed girl in hand me downs,
Dm Dm(maj7) Dm
Whose name I never could pro - nounce.
G7
Said, pity please the ones who serve
C Cadd9 C Cmaj7 | C6
They only get what they deserve.

Verse 4

C
And the rich relation home town queen,
Dm Dm(maj7) Dm
Marries into what she needs.
G7
With a guarantee of company,
C Cadd9 C Cmaj7 | C6
And haven for the elderly.

Chorus 2

Fm7/A♭
Re - member those who win the game,
G7
Lose the love they sought to gain,
Cm7 Fm7 Cm7 Fm7
In debentures the quality and dubious in - tegrity
Fm7/A♭ G7
Their small down eyes will gape at you,
Cm7 Fm7
In dull surprise when payment due,
Dm7 G7
Exceeds accounts received at seventeen.

Interlude | C | C | C | C ||

Verse 5

```
   C
To those of us who knew the pain,
    Dm                Dm(maj7) Dm
Of valentines that never       came.
G7
   And those whose names were never called,
C                                          Cadd9  C  Cmaj7  | C6
   When choosing sides for basketball.
```

Verse 6

```
        C
It was long ago and far away,
     Dm           Dm(maj7) Dm
The world was younger  than today.
G
   And dreams were all they gave for free,
C                                  Cadd9  C  Cmaj7  | C6
   To ugly duckling girls like me.
```

Chorus 3

```
          Fm7/A♭
We all play the game and when we dare,
    G7
To cheat ourselves at solitaire.
    Cm7            Fm7
In -venting lovers on the phone,
      Cm7            Fm7
Re - penting other lives unknown.
      Fm7/A♭             G7
That call and say, come dance with me,
Cm7                       Fm7
And murmur vague ob - scenities,
Dm                         G7
   At ugly girls like me,     at seventeen.
```

|: Cadd9 C Cmaj7 | C6 :| Cmaj7 ||

Day Is Done

Words & Music by
Nick Drake

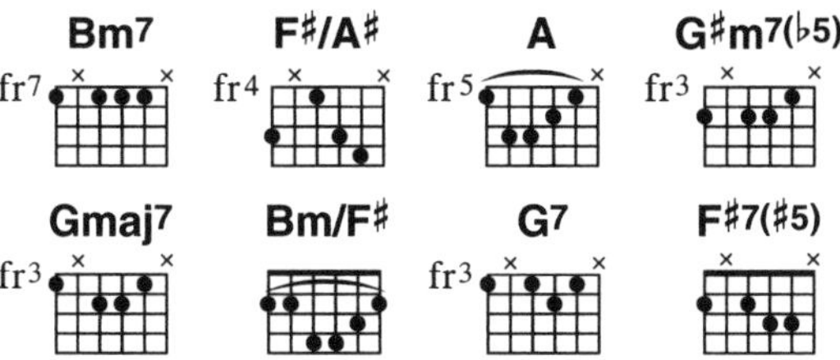

(Optional: play bass notes only until solo)

Intro

Bm7	F♯/A♯	A	G♯m7(♭5)
Gmaj7	Bm/F♯	G7	F♯7(♯5) ‖

Verse 1

Bm7 F♯/A♯
When the day is done,
A G♯m7(♭5)
Down to earth then sinks the sun,
Gmaj7 Bm/F♯
Along with everything that was lost and won,
G7 F♯7(♯5)
When the day is done.

Verse 2

Bm7 F♯/A♯
When the day is done,
A G♯m7(♭5)
Hope so much your race will be all run.
Gmaj7 Bm/F♯
Then you find you jumped the gun,
G7 F♯7(♯5)
Have to go back where you began,
G7 F♯7(♯5) Bm7
When the day is done.

Verse 3

```
Bm7                    F#/A#
  When the night is cold,
A           G#m7(b5)
  Some get by but some get old,
Gmaj7                  Bm/F#
  Just to show life's not made of gold,
G7                     F#7(#5)
  When the night is cold.
```

Verse 4

```
Bm7                F#/A#
  When the bird has flown,
A                     G#m7(b5)
  You got no-one to call your own,
Gmaj7              Bm/F#
  You got no place to call your home,
G7   F#7(#5)           Bm7
       When the bird has flown.
```

Solo

Bm7	F#/A#	A	G#m7(b5)
Gmaj7	Bm/F#	G7	F#7(#5)
Bm7	F#/A#	A	G#m7(b5)
Gmaj7	Bm/F#	G7 F#7(#5)	Bm7 ‖

Verse 5

```
N.C.
When the game's been fought,

You speed the ball across the court,

Lost so much sooner than you would have thought,
                            F#7(#5)
Now the game's been fought.
```

Verse 6

```
Bm7                   F#/A#
  When the party is through,
A                 G#m7(b5)
  It seems so very sad for you,
Gmaj7             Bm/F#
  Didn't do the things you meant to do,
G7                       F#7(#5)
  Now there's no time to start anew,
G7    F#7                Bm7
        Now the party's through.
```

Verse 7

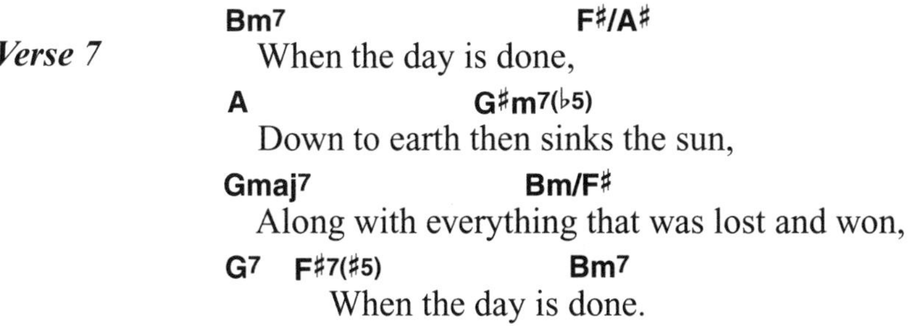

Bm7 F♯/A♯
When the day is done,
A G♯m7(♭5)
Down to earth then sinks the sun,
Gmaj7 Bm/F♯
Along with everything that was lost and won,
G7 F♯7(♯5) Bm7
When the day is done.

Outro

𝄆 Bm7	F♯/A♯	A	G♯m7(♭5)
Gmaj7	Bm/F♯	G7	F♯7(♯5)
Bm7	F♯/A♯	A	G♯m7(♭5)
Gmaj7	Bm/F♯	G7 F♯7(♯5)	Bm7 𝄇

Repeat ad lib. to fade

The Closest Thing To Crazy

Words & Music by
Mike Batt

E B E/G♯ A E/B B/F♯ C♯m
C♯m/B G♯m B9 F♯m Am C Asus4 A/B
fr4 fr4
fr5 fr4 fr5
Intro | E B | E/G♯ | A | E/B B ||
Verse 1
E B/F♯ E/G♯
How can I think I'm standing strong
A E
Yet feel the air beneath my feet?
C♯m C♯m/B A
How can happiness feel so wrong?
G♯m B9 E B
How can misery feel so sweet?___
Verse 2
E B/F♯ E/G♯
How can you let me watch you sleep
A E
Then break my dreams the way you do?
C♯m C♯m/B A
How can I have got in so deep,
G♯m B9 E B
Why did I fall in love with you?
Chorus 1
E C♯m
This is the closest thing to crazy I have ever been,
F♯m B
Feeling twenty-two, acting seventeen.
E C♯m
This is the nearest thing to crazy I have ever known,
F♯m Am
I was never crazy on my own,
E C♯m A C
And now I know, that there's a link between the two,
E C♯m B | E B/F♯ | E/G♯ | Asus4 Am | E
Being close to craziness and being close to you.

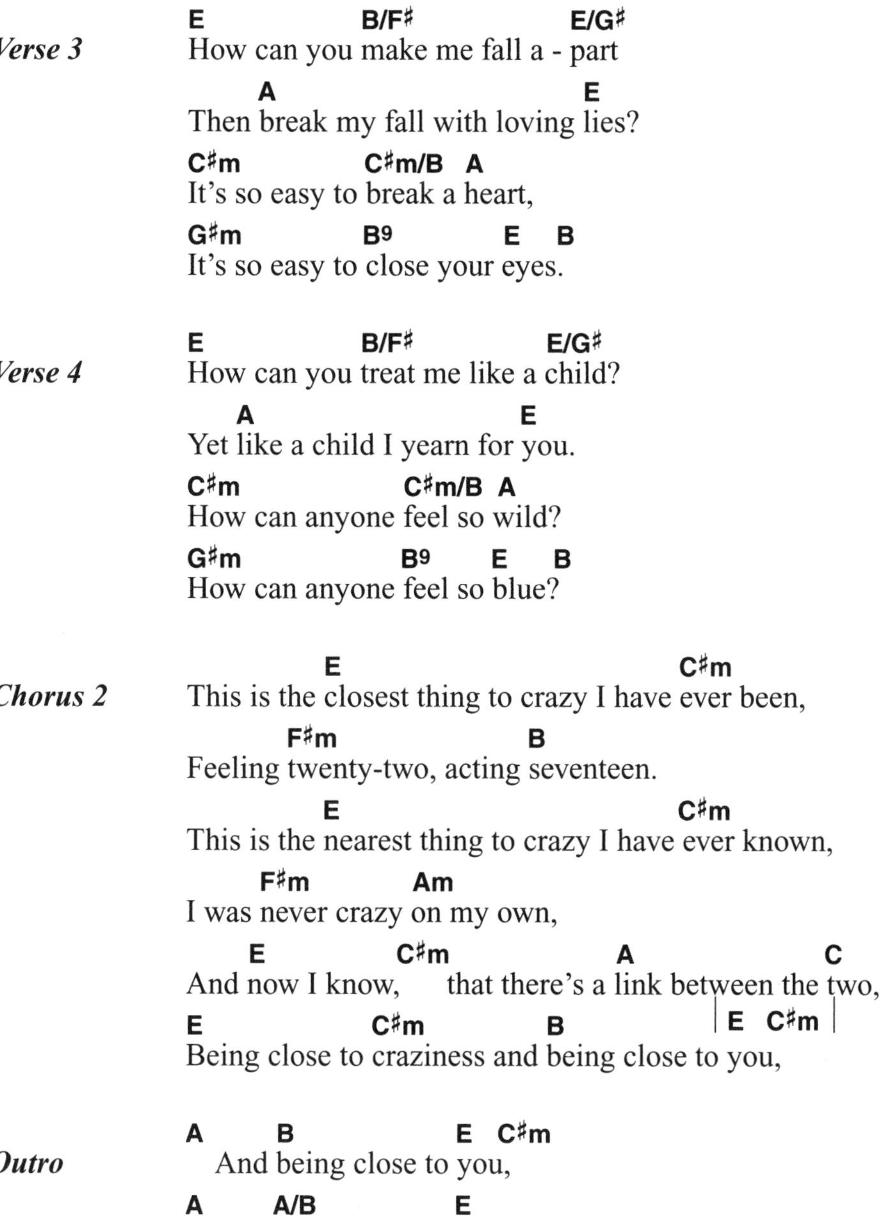

Verse 3

E B/F♯ E/G♯
How can you make me fall a - part

A E
Then break my fall with loving lies?

C♯m C♯m/B A
It's so easy to break a heart,

G♯m B9 E B
It's so easy to close your eyes.

Verse 4

E B/F♯ E/G♯
How can you treat me like a child?

A E
Yet like a child I yearn for you.

C♯m C♯m/B A
How can anyone feel so wild?

G♯m B9 E B
How can anyone feel so blue?

Chorus 2

E C♯m
This is the closest thing to crazy I have ever been,

F♯m B
Feeling twenty-two, acting seventeen.

E C♯m
This is the nearest thing to crazy I have ever known,

F♯m Am
I was never crazy on my own,

E C♯m A C
And now I know, that there's a link between the two,

E C♯m B | E C♯m |
Being close to craziness and being close to you,

Outro

A B E C♯m
And being close to you,

A A/B E
And being close to you.

High & Dry

Words & Music by
Thom Yorke, Jonny Greenwood, Colin Greenwood & Ed O'Brien

E **Asus2** **F♯m11** **C♯m7**

Tune down 1 semitone

Intro

𝄆 E Asus2 | Asus2 E 𝄇 *Play 4 times*

| E | E | E | E ‖

Verse 1

```
F♯m11
Two jumps in a week,
 Asus2                              E
I bet you think that's pretty clever don't you, boy?
F♯m11
Flying on your motorcycle,
Asus2                               E
Watching all the ground beneath you drop.
         F♯m11
You'd kill yourself for recognition,
         Asus2                   E
You'd kill yourself to never ever stop.
       F♯m11
You broke another mirror,
          Asus2                        E
You're turning into something you are not.
```

Chorus 1

```
                      F♯m11
Don't leave me high,
Asus2           E
   Don't leave me dry,
                      F♯m11
Don't leave me high,
Asus2
   Don't leave me dry.
```

Link

𝄆 E Asus2 | Asus2 E 𝄇

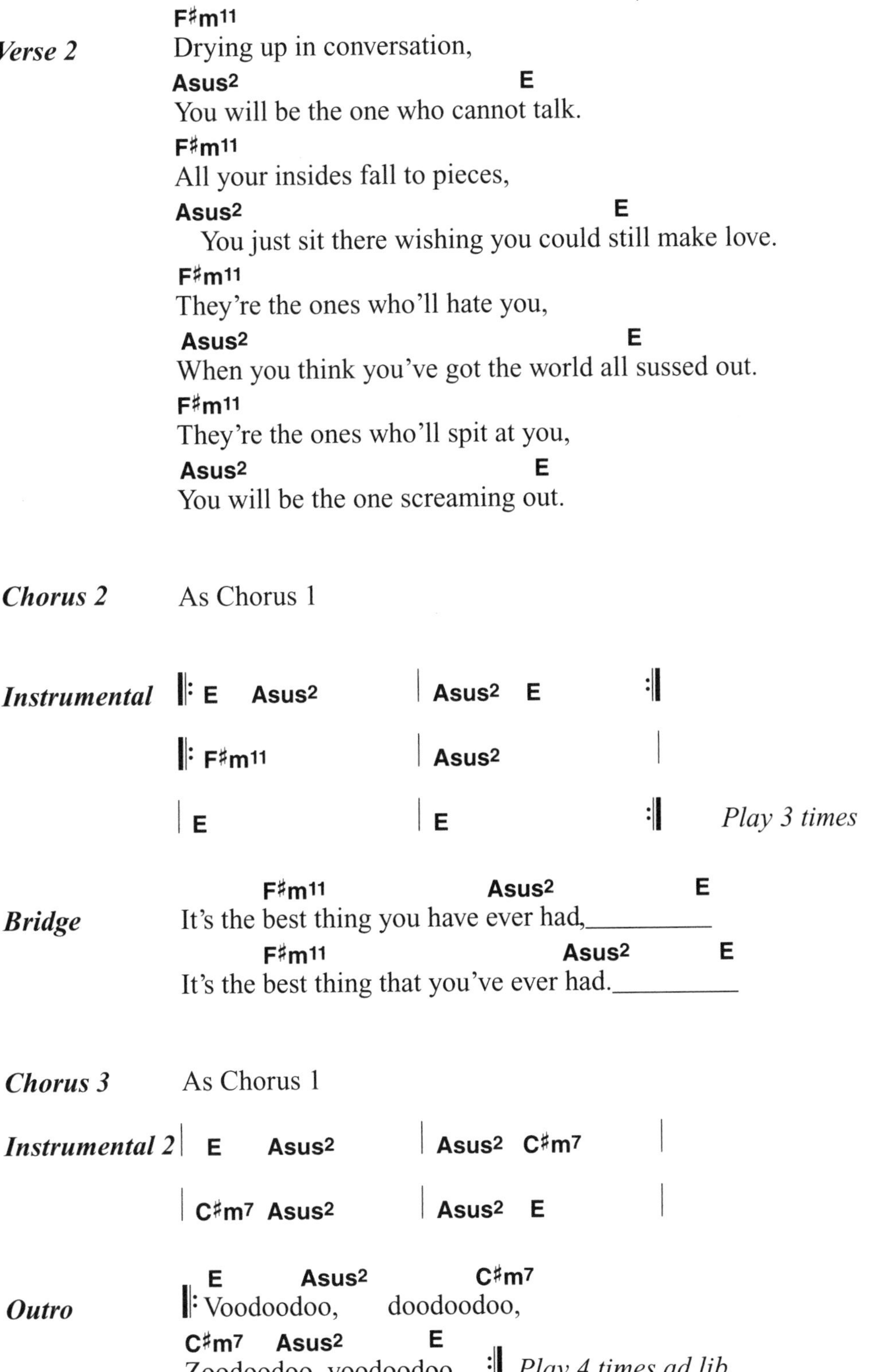

Verse 2

F♯m11
Drying up in conversation,
Asus2 E
You will be the one who cannot talk.
F♯m11
All your insides fall to pieces,
Asus2 E
You just sit there wishing you could still make love.
F♯m11
They're the ones who'll hate you,
Asus2 E
When you think you've got the world all sussed out.
F♯m11
They're the ones who'll spit at you,
Asus2 E
You will be the one screaming out.

Chorus 2 As Chorus 1

Instrumental

‖: E Asus2 | Asus2 E :‖
‖: F♯m11 | Asus2 |
| E | E :‖ *Play 3 times*

Bridge

F♯m11 Asus2 E
It's the best thing you have ever had,__________
F♯m11 Asus2 E
It's the best thing that you've ever had.__________

Chorus 3 As Chorus 1

Instrumental 2

| E Asus2 | Asus2 C♯m7 |
| C♯m7 Asus2 | Asus2 E |

Outro

E Asus2 C♯m7
‖: Voodoodoo, doodoodoo,
C♯m7 Asus2 E
Zoodoodoo, voodoodoo. :‖ *Play 4 times ad lib.*

Crippled Inside

Words & Music by
John Lennon

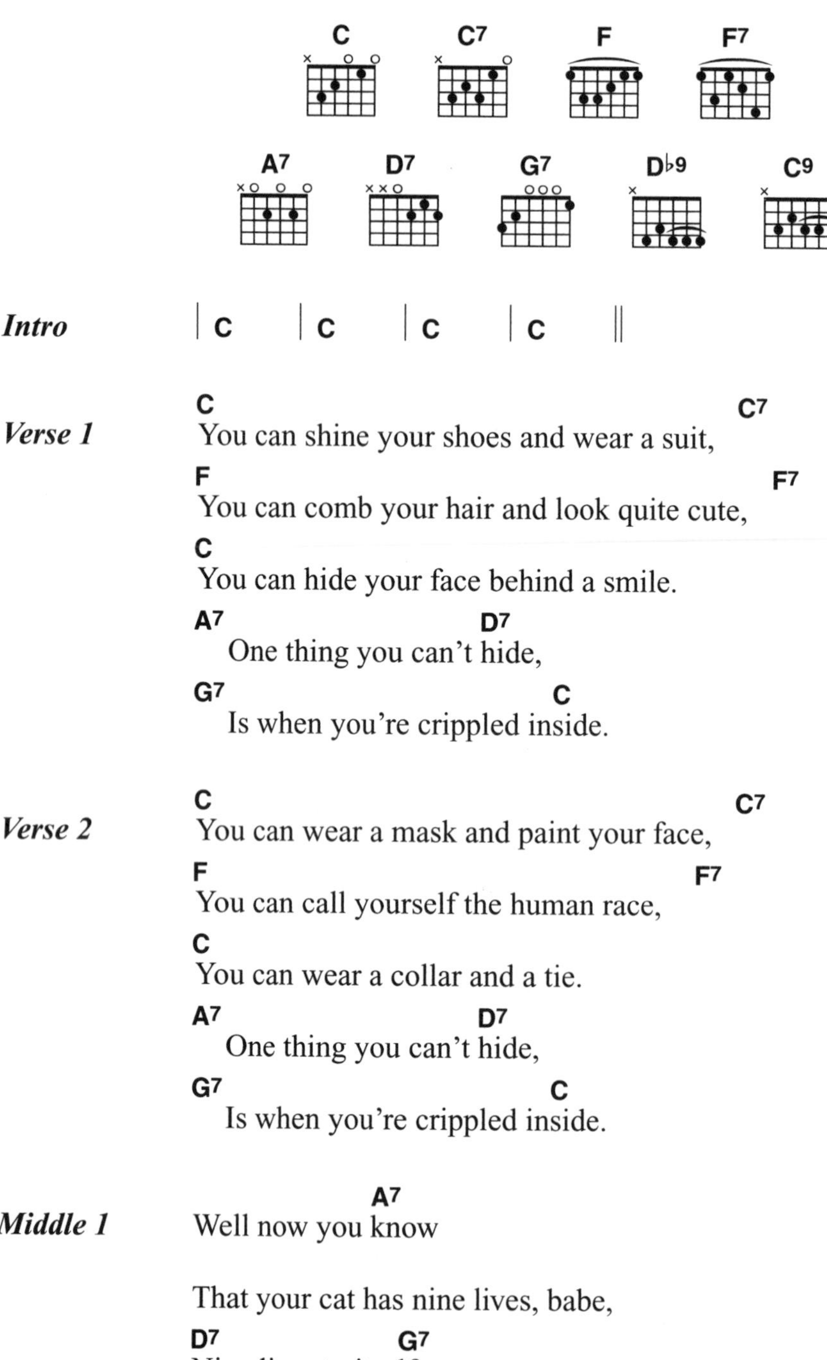

Intro | C | C | C | C ||

Verse 1

C C7
You can shine your shoes and wear a suit,
F F7
You can comb your hair and look quite cute,
C
You can hide your face behind a smile.
A7 D7
One thing you can't hide,
G7 C
Is when you're crippled inside.

Verse 2

C C7
You can wear a mask and paint your face,
F F7
You can call yourself the human race,
C
You can wear a collar and a tie.
A7 D7
One thing you can't hide,
G7 C
Is when you're crippled inside.

Middle 1

A7
Well now you know

That your cat has nine lives, babe,
D7 G7
Nine lives to itself.

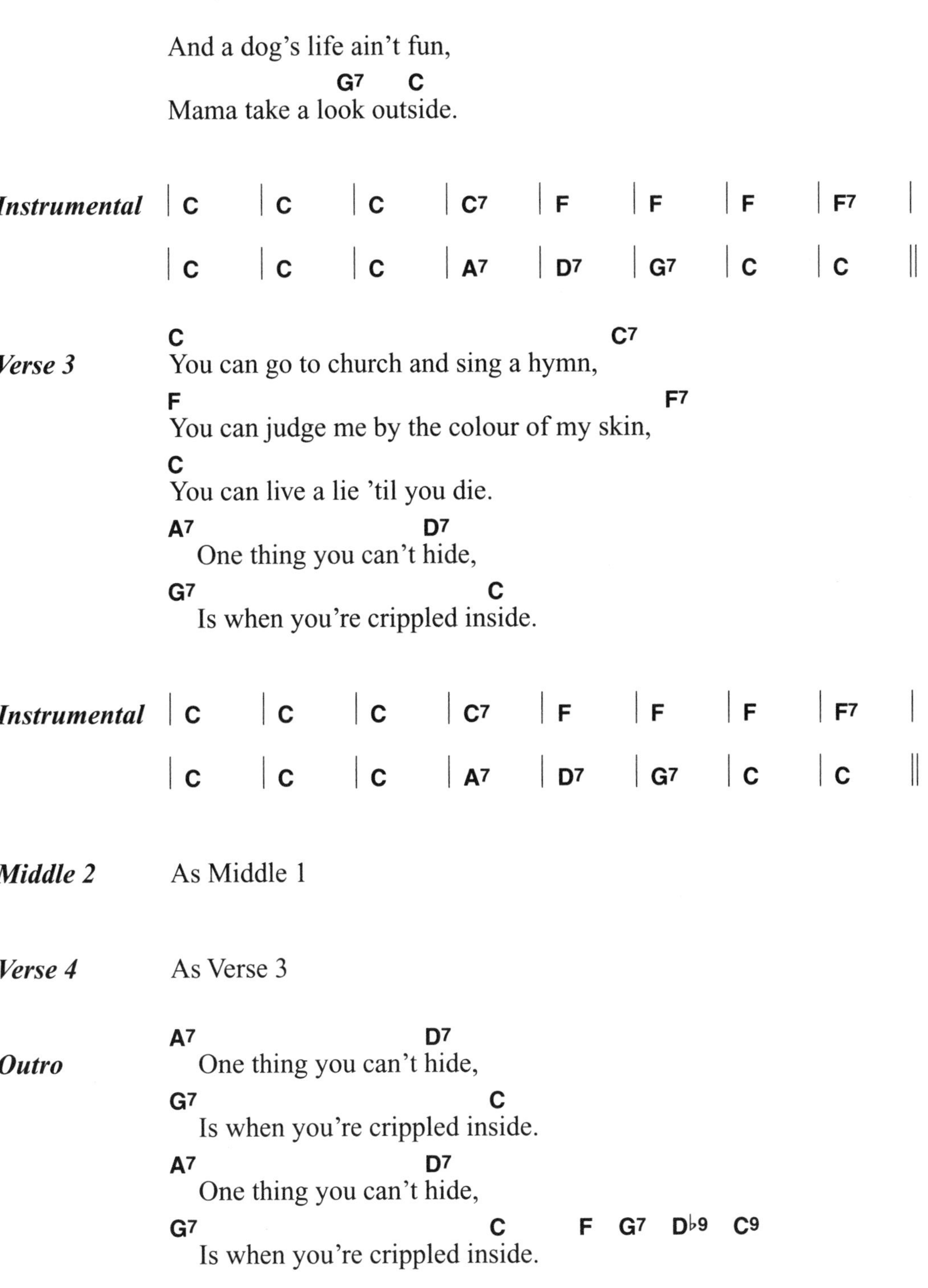

cont.

C
But you only got one,

And a dog's life ain't fun,

G7 C
Mama take a look outside.

Instrumental

| C | C | C | C7 | F | F | F | F7 |

| C | C | C | A7 | D7 | G7 | C | C ||

Verse 3

C C7
You can go to church and sing a hymn,

F F7
You can judge me by the colour of my skin,

C
You can live a lie 'til you die.

A7 D7
One thing you can't hide,

G7 C
Is when you're crippled inside.

Instrumental

| C | C | C | C7 | F | F | F | F7 |

| C | C | C | A7 | D7 | G7 | C | C ||

Middle 2

As Middle 1

Verse 4

As Verse 3

Outro

A7 D7
One thing you can't hide,

G7 C
Is when you're crippled inside.

A7 D7
One thing you can't hide,

G7 C F G7 D♭9 C9
Is when you're crippled inside.

Summertime Blues

Words & Music by
Eddie Cochran & Jerry Capehart

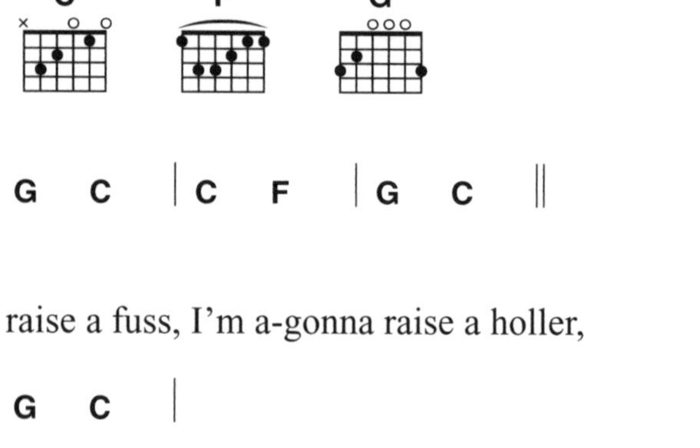

Intro | C F | G C | C F | G C ||

Verse 1

C
I'm a-gonna raise a fuss, I'm a-gonna raise a holler,

| C F | G C |

(C)
About a-workin' all summer just to try to earn a dollar.

| C F | G C |

F
Ev'ry time I call my baby, try to get a date,

N.C.
My boss says, "No dice, son, you gotta work late,"

F G
Sometimes I wonder what I'm a-gonna do,

C G C
But there ain't no cure for the summertime blues.

| C F | G C | C F | G C ||

Verse 2

(C)
A-well my Mom 'n' Papa told me, "Son, you gotta make some money,

| C F | G C |

(C)
If you want-ta use the car to go a-ridin' next Sunday."

| C F | G C |

F
Well, I didn't go to work, told the boss I was sick,

N.C.
"Now you can't use the car 'cause you didn't work a lick."

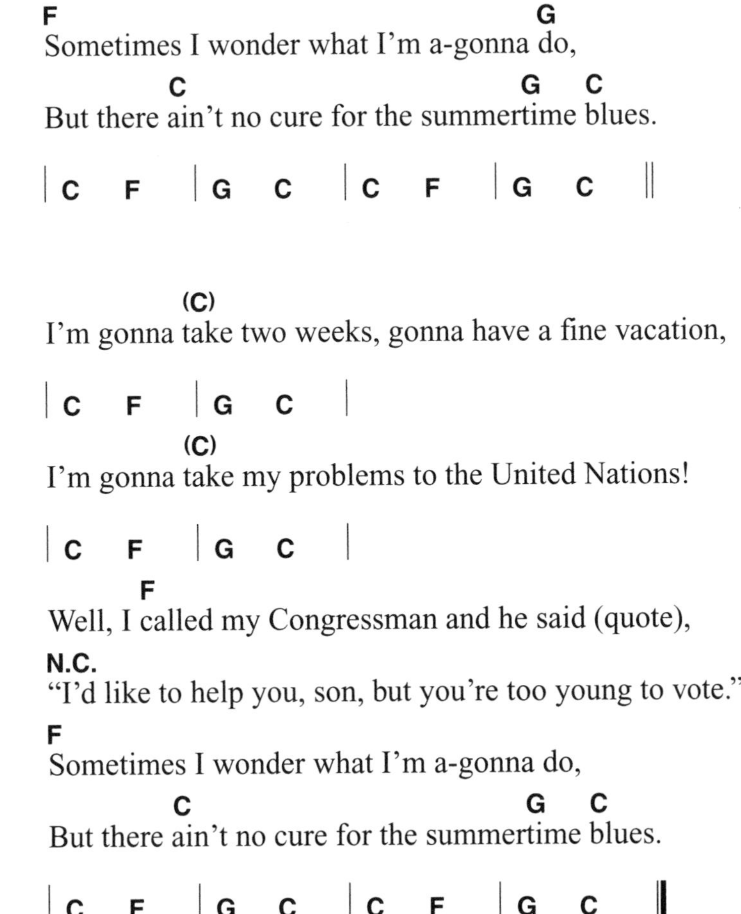

cont.

```
F                                        G
Sometimes I wonder what I'm a-gonna do,
             C                              G    C
But there ain't no cure for the summertime blues.

| C    F    | G    C    | C    F    | G    C    ||
```

Verse 3

```
             (C)
I'm gonna take two weeks, gonna have a fine vacation,

| C    F    | G    C    |
             (C)
I'm gonna take my problems to the United Nations!

| C    F    | G    C    |
          F
Well, I called my Congressman and he said (quote),
N.C.
"I'd like to help you, son, but you're too young to vote."
F
Sometimes I wonder what I'm a-gonna do,
             C                              G    C
But there ain't no cure for the summertime blues.

| C    F    | G    C    | C    F    | G    C    ||
```

Bye Bye Love

Words & Music by
Felice & Boudleaux Bryant

A5 C D A E A7

Intro ||: A5 C D | A5 :||

Chorus 1

```
D          A
Bye bye love,
D          A
Bye bye happiness,
D          A
   Hello loneliness,
                 E        A
I think I'm-a gonna cry-y.
D          A
Bye bye love,
D          A
Bye bye sweet caress,
D          A
   Hello emptiness,
            E        A
I feel like I could di-ie.
               E         A
Bye bye my love goodby-eye,
```

Verse 1

```
N.C.            E                A
There goes my baby with someone new,
                 E              A      A7
She sure looks happy, I sure am blue.
                D                E
She was my baby 'til he stepped in,
                                 A      A7
Goodbye to romance that might have been.
```

Chorus 2 As Chorus 1

Can't Keep It In

Words & Music by
Cat Stevens

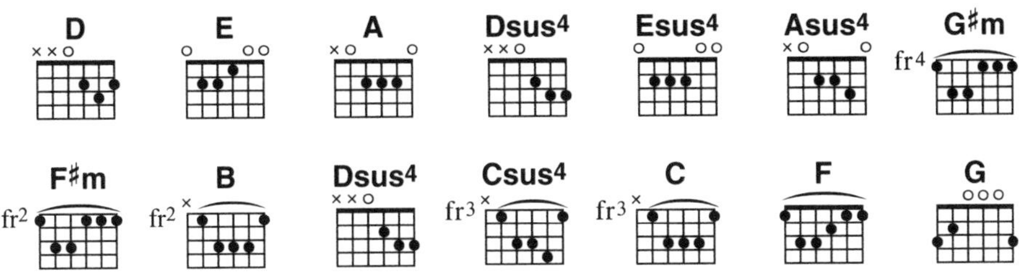

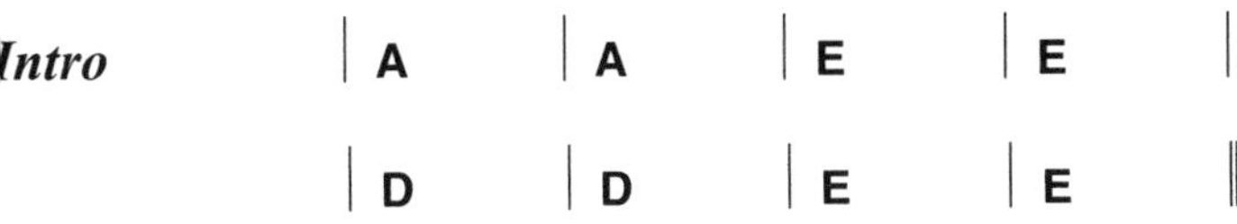

Verse 1

A
Oh I can't keep it in, can't keep it in
E
I've gotta let it out.
D
"I've got to show the world, world's got to see,
E
See all the love, love that's in me— "I said.

Verse 2

A
Why walk alone?
E
Why worry when it's warm over here?
D
You've got so much to say, say what you mean.
E
Mean what you're thinking, and think anything.

```
             A                    F♯m
Chorus 1     Oh why, why must you waste your life away?
                       B         E             G♯m   B
             You've got to live for to - day, then let it go    oh
             A                     F♯m
             Lover, I want to spend this time with you,
                            B        E                G♯m  E
             There's nothing I wouldn't do, if you let me know
                   A
             And I can't keep it in, I can't hide it
                 E
             And I can't lock it away,
                 D
             I'm up for your love, love heats my blood,
             E
             Blood spins my head, and my head falls in love.


Link 1       | A    | A    | E    | E    |

             | D    | D    | E    | F  G ||


             C
Verse 3      No I can't keep it in, can't keep it in
                 G
             I've gotta let it out.
                         F
             I've got to show the world, world's got to know,
             G
             Know of the love, love that lies low, so
             C
             Why can't you say, if you know then,
             G
             Why can't you say?
             F
             You've got so much deceit, and deceit kills the light,
             G                         D        E
             Light needs to shine, I said shine light, shine light.
```

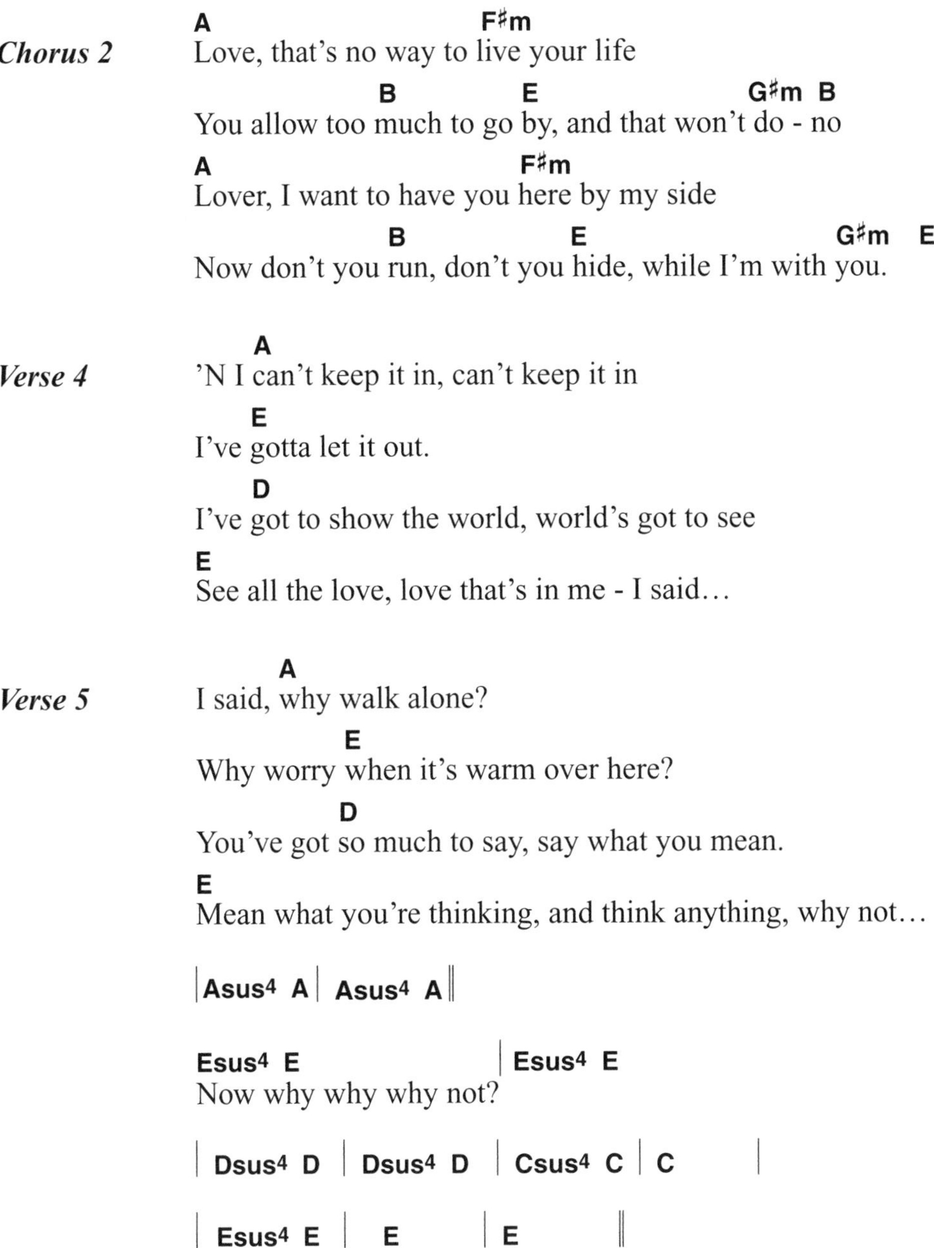

A F♯m
Chorus 2 Love, that's no way to live your life
B E G♯m B
You allow too much to go by, and that won't do - no
A F♯m
Lover, I want to have you here by my side
B E G♯m E
Now don't you run, don't you hide, while I'm with you.
A
Verse 4 'N I can't keep it in, can't keep it in
E
I've gotta let it out.
D
I've got to show the world, world's got to see
E
See all the love, love that's in me - I said…
A
Verse 5 I said, why walk alone?
E
Why worry when it's warm over here?
D
You've got so much to say, say what you mean.
E
Mean what you're thinking, and think anything, why not…
| Asus4 A | Asus4 A ||
Esus4 E | Esus4 E
Now why why why not?
| Dsus4 D | Dsus4 D | Csus4 C | C |
| Esus4 E | E | E ||

Every Night

Words & Music by
Paul McCartney

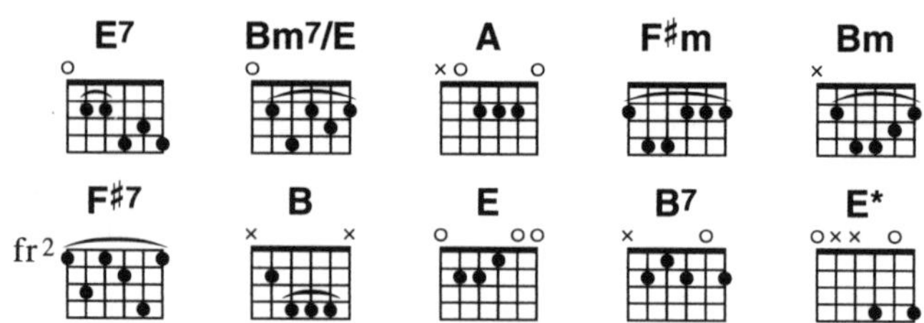

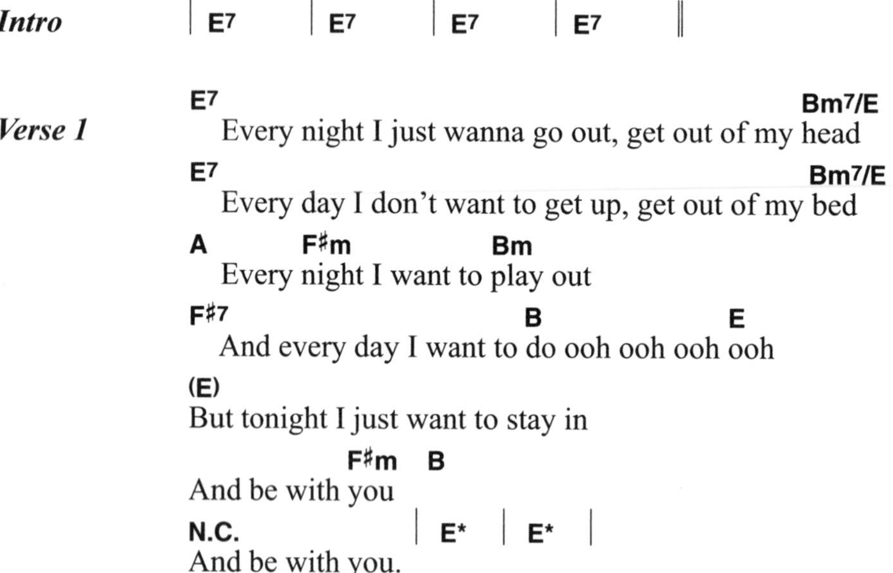

Intro | E7 | E7 | E7 | E7 ||

Verse 1

E7 Bm7/E
Every night I just wanna go out, get out of my head

E7 Bm7/E
Every day I don't want to get up, get out of my bed

A F♯m Bm
Every night I want to play out

F♯7 B E
And every day I want to do ooh ooh ooh ooh

(E)
But tonight I just want to stay in

F♯m B
And be with you

N.C. | E* | E* |
And be with you.

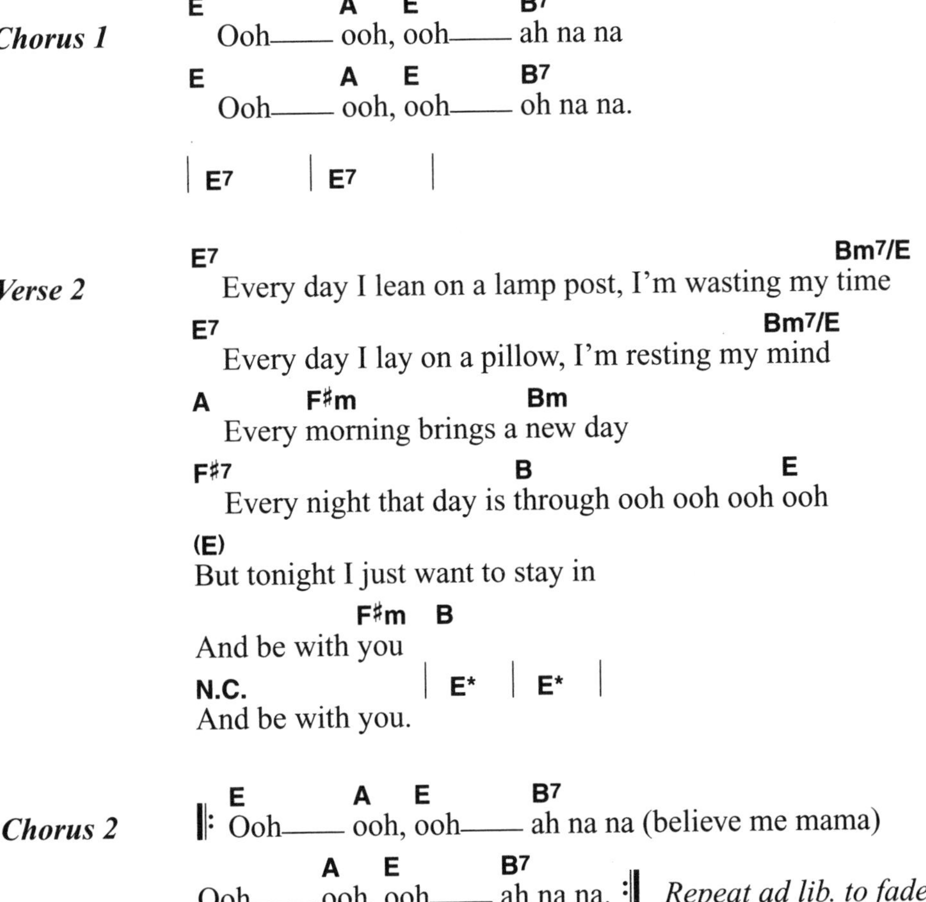

Chorus 1

E A E B7
Ooh—— ooh, ooh—— ah na na

E A E B7
Ooh—— ooh, ooh—— oh na na.

| E7 | E7 |

Verse 2

E7 Bm7/E
Every day I lean on a lamp post, I'm wasting my time

E7 Bm7/E
Every day I lay on a pillow, I'm resting my mind

A F♯m Bm
Every morning brings a new day

F♯7 B E
Every night that day is through ooh ooh ooh ooh

(E)
But tonight I just want to stay in

F♯m B
And be with you

N.C. | E* | E* |
And be with you.

Chorus 2

E A E B7
𝄆 Ooh—— ooh, ooh—— ah na na (believe me mama)

A E B7
Ooh—— ooh, ooh—— ah na na. 𝄇 *Repeat ad lib. to fade*

Andy Warhol

Words & Music by
David Bowie

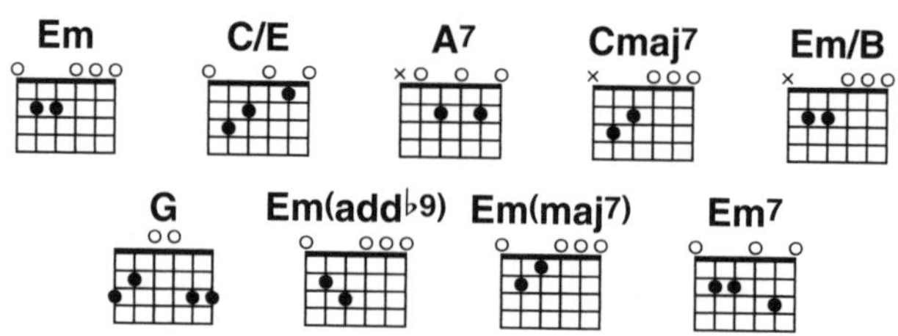

Intro | Em | C/E Em | Em | C/E Em |

Verse 1

```
Em
   Like to take a cement fix,
              A7
Be a standing cinema.
                      Cmaj7   Em/B
Dress my friends up just for show,
A7              Em             C/E
See them as they really are.
Em
   Put a peephole in my brain,
                    A7
Two New Pence to have a go.
                Cmaj7   Em/B
I'd like to be a gallery,
A7           Em           C/E
Put you all inside my show.
```

Chorus 1

```
A7               Em      C
Andy Warhol looks a scream,
 A7          C      G      A7
Hang him on my wall.
A7              Em      C
Andy Warhol, silver screen,
     A7             C        G   A7
Can't tell them apart at all.______
```

Instrumental | Em | C/E Em | Em | C/E Em |

Verse 2

```
Em
   Andy walking, Andy tired,
                        A7
Andy take a little snooze.
                              Cmaj7 Em/B
Tie him up when he fast asleep,
A7               Em               C/E    Em
Send him on a pleasant cruise.
Em
   When he wake up on the sea,
                                   A7
He sure to think of me and you.
                                         Cmaj7        Em/B
He'll think about paint and he'll think about glue,
          A7              Em                C/E
What a jolly boring thing to do.
```

Chorus 2 As Chorus 1

Chorus 3 As Chorus 1

Outro (v. freely)

Em	Em	Em(add♭9)	Em(add♭9)
Em(maj7)	Em(add♭9)	Em(maj7)	Em(add♭9)
Em7	Em7	Em(maj7)	Em(maj7)
Em(maj7)	Em	Em	Em
Em (fermata)	

Late Night Radio

Words & Music by
David Gray

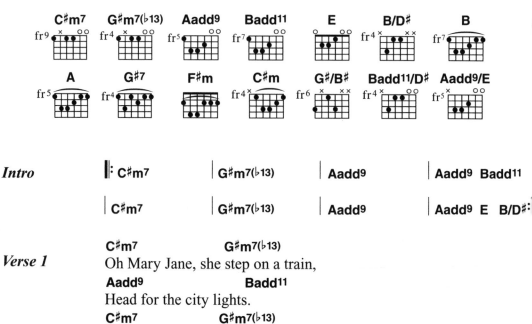

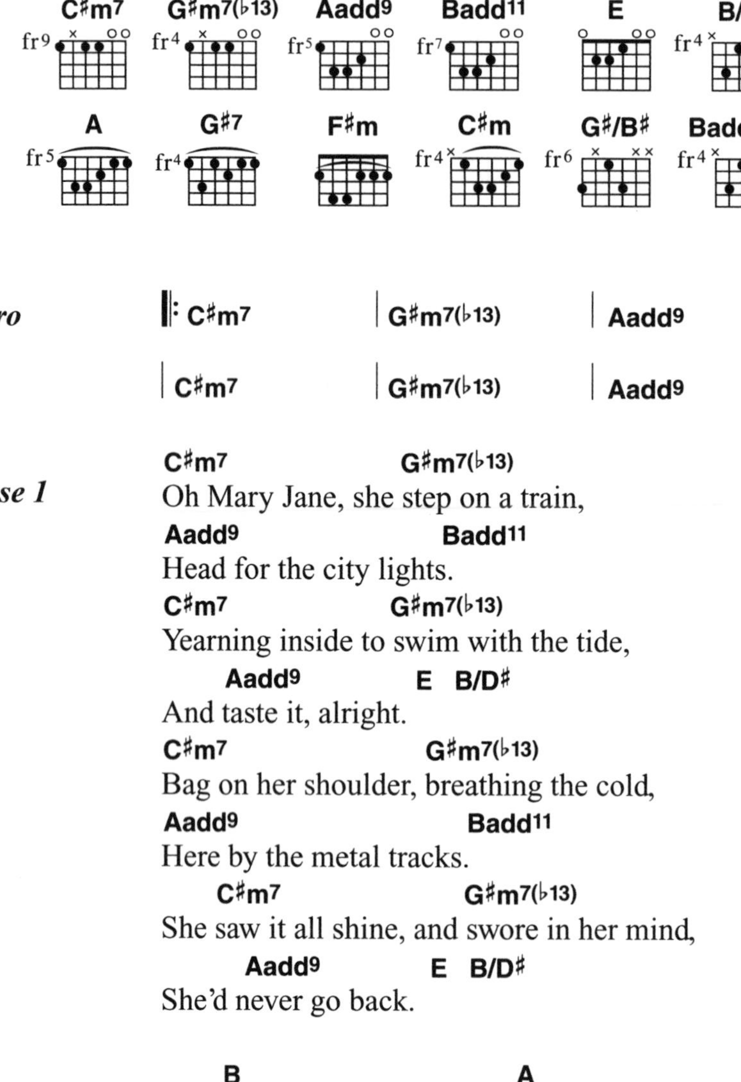

Intro

|: C#m7 | G#m7(♭13) | Aadd9 | Aadd9 Badd11 |
| C#m7 | G#m7(♭13) | Aadd9 | Aadd9 E B/D# :|

Verse 1

```
C#m7                    G#m7(♭13)
Oh Mary Jane, she step on a train,
Aadd9                  Badd11
Head for the city lights.
C#m7                 G#m7(♭13)
Yearning inside to swim with the tide,
     Aadd9          E   B/D#
And taste it, alright.
C#m7                    G#m7(♭13)
Bag on her shoulder, breathing the cold,
Aadd9                     Badd11
Here by the metal tracks.
    C#m7                 G#m7(♭13)
She saw it all shine, and swore in her mind,
       Aadd9        E   B/D#
She'd never go back.
```

Chorus 1

```
     B                       A
And she don't mind the late night,
G#7
Late night radio,
B                     A         G#7
She don't mind the late night radio.
B                      A
She don't mind the late night,
G#7                 F#m       E   B/D#
Late night radio,_____    na na.
```

Link | C♯m7 | G♯m7(♭13) | Aadd9 | Aadd9 E B/D♯ |

Verse 2

C♯m7 G♯m7(♭13)
Couldn't have dreamed the things that she seen,
Aadd9 Badd11
There on the avenue.
C♯m7 G♯m7(♭13)
She stared right into a million eyes,
Aadd9 E B/D♯
That looked her right through.
C♯m7 G♯m7(♭13)
Telling Red Joe the places she'd go,
Aadd9 Badd11
And wiping the table clean.
C♯m7 G♯m7(♭13)
She got no idea the demon fear,
Aadd9 E B/D♯
Or what a broken heart mean.

Chorus 2

B A
And she don't mind the late night,
G♯7
Late night radio,
B A G♯7
She don't mind the late night radio.
B
She don't mind the late night,
G♯7
Late night radio,
C♯m G♯/B♯ G♯7
Na na na na__ na not at all,
B A B
Na na na na__ na not at all.
C♯m G♯/B♯ G♯7
Na na na na__ na not at all,
B A B
Na na na na__ na not at all.
C♯m G♯/B♯ G♯7
Na na na na__ na not at all,
B A B
Na na na na__ na not at all.
F♯m E B/D♯
Na na.

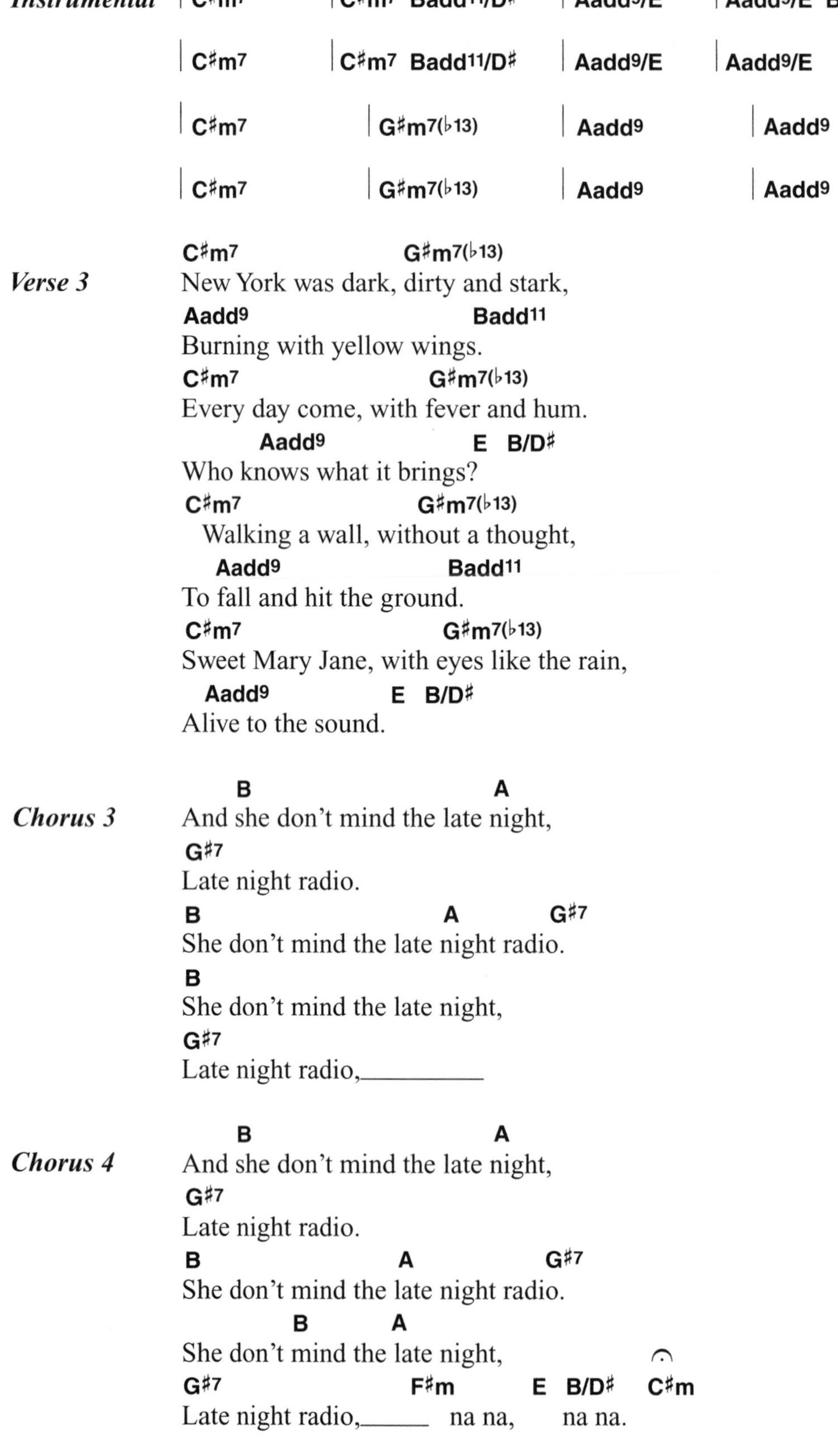

Instrumental | C♯m7 | C♯m7 Badd11/D♯ | Aadd9/E | Aadd9/E Badd11/D♯ |
C♯m7	C♯m7 Badd11/D♯	Aadd9/E	Aadd9/E E B/D♯
C♯m7	G♯m7(♭13)	Aadd9	Aadd9 Badd11
C♯m7	G♯m7(♭13)	Aadd9	Aadd9 E B/D♯

Verse 3

C♯m7 G♯m7(♭13)
New York was dark, dirty and stark,
Aadd9 Badd11
Burning with yellow wings.
C♯m7 G♯m7(♭13)
Every day come, with fever and hum.
Aadd9 E B/D♯
Who knows what it brings?
C♯m7 G♯m7(♭13)
Walking a wall, without a thought,
Aadd9 Badd11
To fall and hit the ground.
C♯m7 G♯m7(♭13)
Sweet Mary Jane, with eyes like the rain,
Aadd9 E B/D♯
Alive to the sound.

Chorus 3

B A
And she don't mind the late night,
G♯7
Late night radio.
B A G♯7
She don't mind the late night radio.
B
She don't mind the late night,
G♯7
Late night radio,__________

Chorus 4

B A
And she don't mind the late night,
G♯7
Late night radio.
B A G♯7
She don't mind the late night radio.
B A
She don't mind the late night,
G♯7 F♯m E B/D♯ C♯m
Late night radio,______ na na, na na.

Dear God

Words & Music by
Andy Partridge

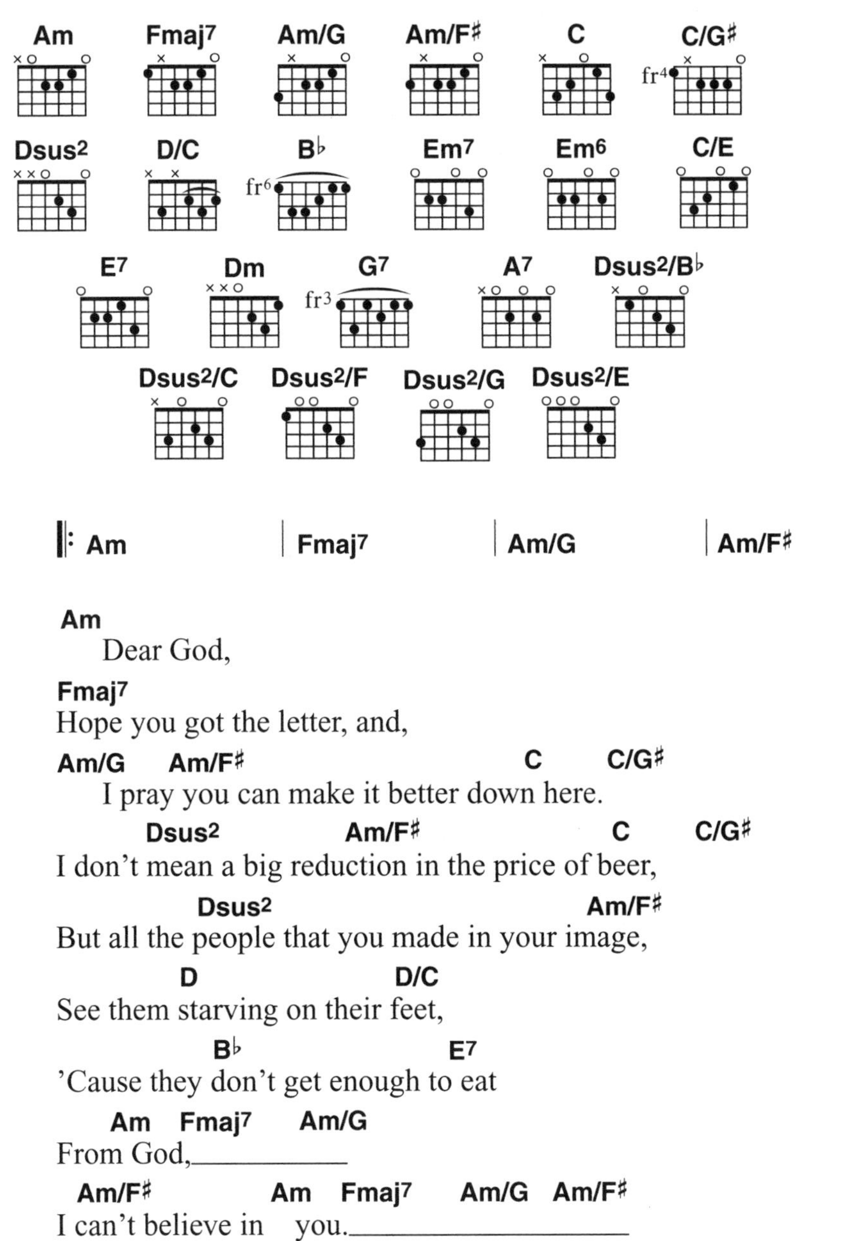

Intro ‖: Am | Fmaj7 | Am/G | Am/F♯ :‖

Verse 1

```
Am
   Dear God,
Fmaj7
Hope you got the letter, and,
Am/G    Am/F♯                         C       C/G♯
   I pray you can make it better down here.
      Dsus2              Am/F♯                 C       C/G♯
I don't mean a big reduction in the price of beer,
          Dsus2                              Am/F♯
But all the people that you made in your image,
         D                 D/C
See them starving on their feet,
             B♭                  E7
'Cause they don't get enough to eat
   Am   Fmaj7    Am/G
From God,__________
 Am/F♯            Am   Fmaj7    Am/G  Am/F♯
I can't believe in   you.__________________
```

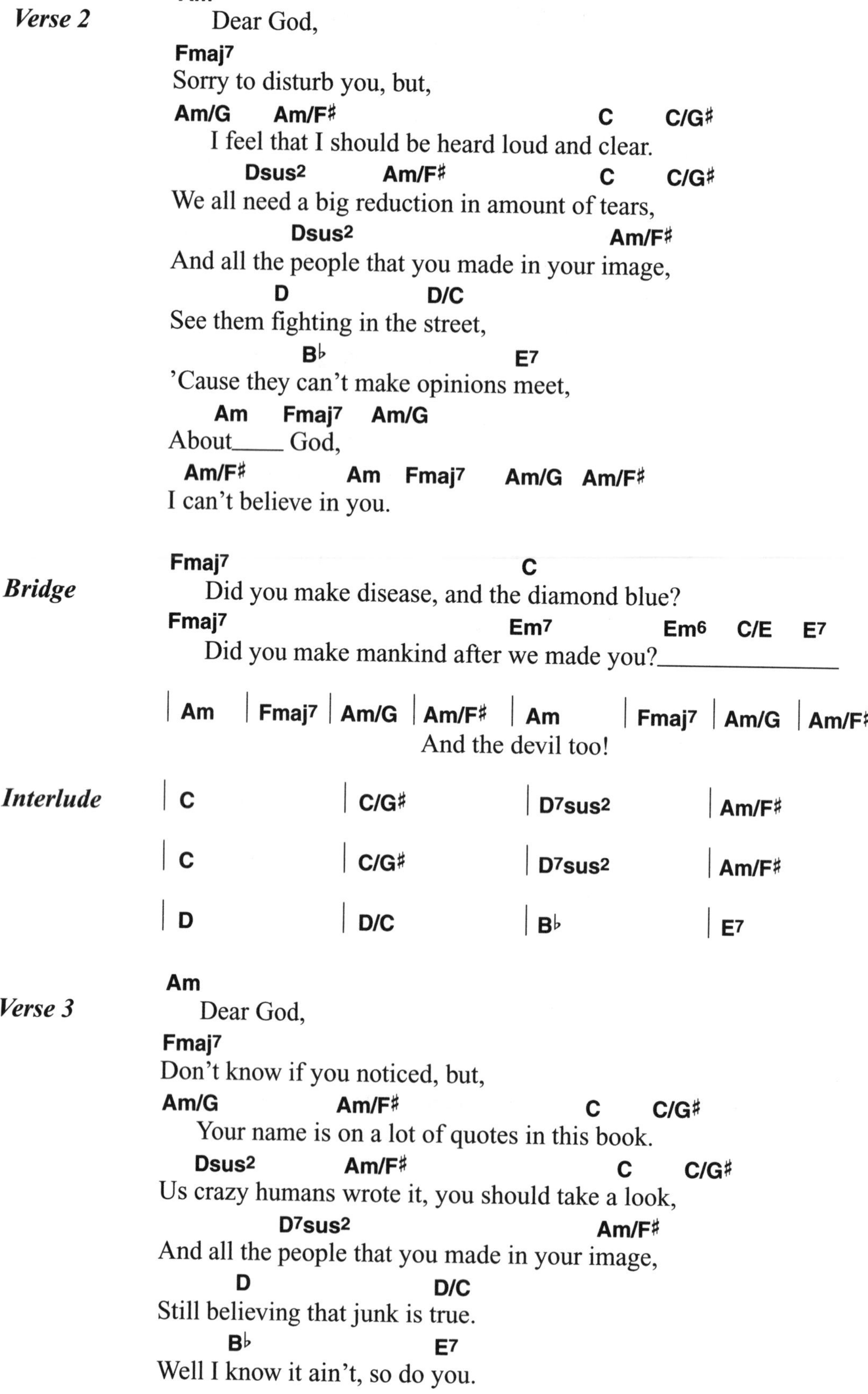

Verse 2

Am
Dear God,
Fmaj7
Sorry to disturb you, but,
Am/G Am/F♯ C C/G♯
I feel that I should be heard loud and clear.
Dsus2 Am/F♯ C C/G♯
We all need a big reduction in amount of tears,
Dsus2 Am/F♯
And all the people that you made in your image,
D D/C
See them fighting in the street,
B♭ E7
'Cause they can't make opinions meet,
Am Fmaj7 Am/G
About____ God,
Am/F♯ Am Fmaj7 Am/G Am/F♯
I can't believe in you.

Bridge

Fmaj7 C
Did you make disease, and the diamond blue?
Fmaj7 Em7 Em6 C/E E7
Did you make mankind after we made you?____________

| Am | Fmaj7 | Am/G | Am/F♯ | Am | Fmaj7 | Am/G | Am/F♯ |
And the devil too!

Interlude

C	C/G♯	D7sus2	Am/F♯
C	C/G♯	D7sus2	Am/F♯
D	D/C	B♭	E7

Verse 3

Am
Dear God,
Fmaj7
Don't know if you noticed, but,
Am/G Am/F♯ C C/G♯
Your name is on a lot of quotes in this book.
Dsus2 Am/F♯ C C/G♯
Us crazy humans wrote it, you should take a look,
D7sus2 Am/F♯
And all the people that you made in your image,
D D/C
Still believing that junk is true.
B♭ E7
Well I know it ain't, so do you.

```
            Am      Fmaj7   Am/G
cont.       Do you God?
             Am/F#           Am     Fmaj7
            I can't believe in,
             Am/F#          Am     Fmaj7      Am/G
            I don't believe in...

             Dm
Coda        I won't believe in Heaven and Hell,
                Bb
            No saints, no sinners, no devil as well.
                Dm
            No pearly gates, no thorny crown,
                   Bb
            You're always letting us humans down.
                 G7
            The wars you bring, the babes you drown,
                   Bb
            Those lost at sea and never found.
                  Dm
            And it's the same the whole world 'round,
                  Bb
            The hurt I see helps to compound:
                 G7
            The Father, Son and Holy Ghost,
               Bb
            Is just somebody's unholy hoax.
                  Dm
            And if you're up there you'll perceive,
                  Bb
            That my heart's here upon my sleeve.
              G7                                 A7 (fermata)
            If there's one thing I don't believe in...

               | Dsus2  | Dsus2/Bb | Dsus2/C | Dsus2/F | Dsus2/G | Dsus2/E | D (fermata)  ||
            It's  you,                                                 Dear God.
```

Fisherman's Blues

Words & Music by
Mike Scott & Steve Wickham

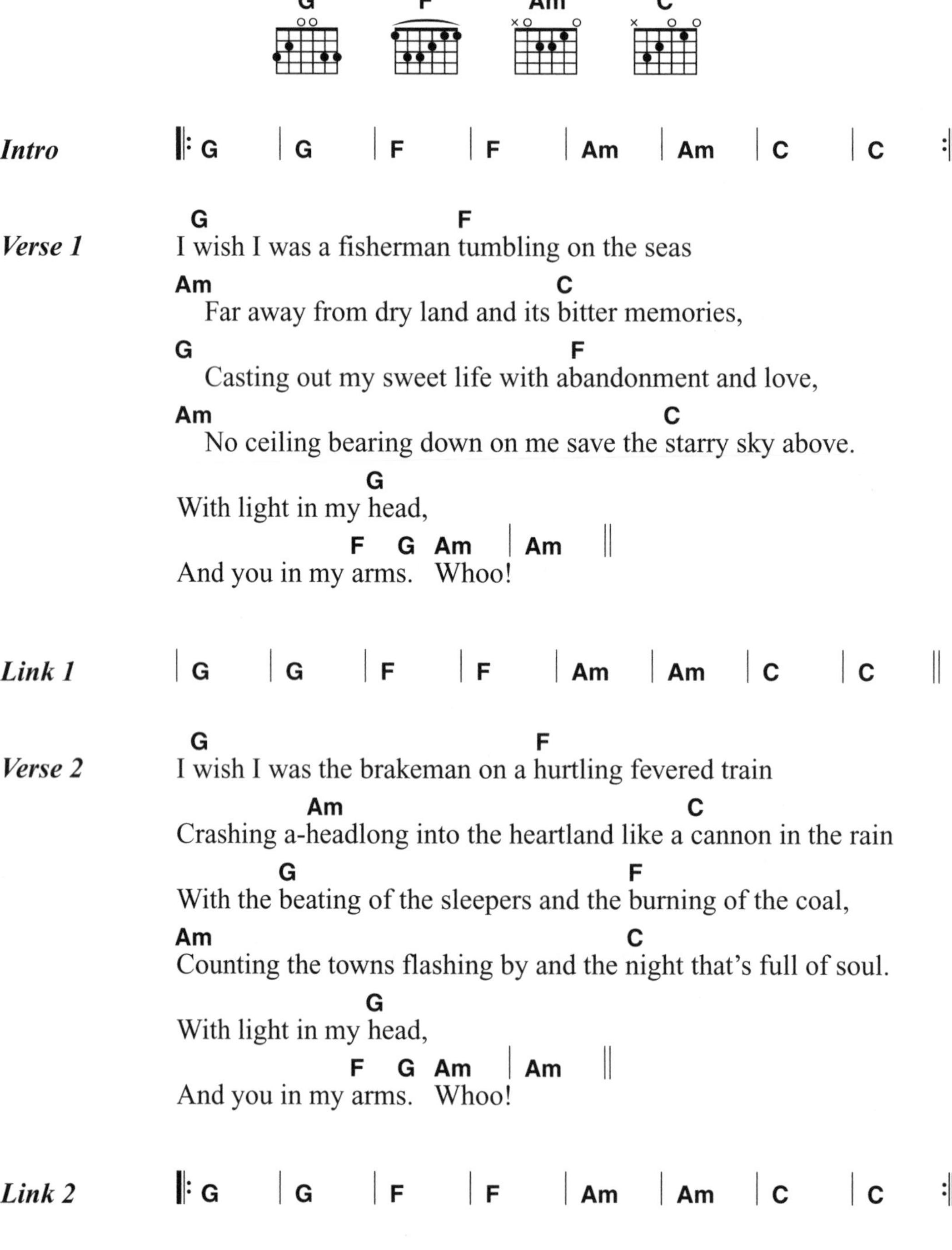

Intro ‖: G | G | F | F | Am | Am | C | C :‖

Verse 1
G F
I wish I was a fisherman tumbling on the seas
Am C
Far away from dry land and its bitter memories,
G F
Casting out my sweet life with abandonment and love,
Am C
No ceiling bearing down on me save the starry sky above.
G
With light in my head,
F G Am | Am ‖
And you in my arms. Whoo!

Link 1 | G | G | F | F | Am | Am | C | C ‖

Verse 2
G F
I wish I was the brakeman on a hurtling fevered train
Am C
Crashing a-headlong into the heartland like a cannon in the rain
G F
With the beating of the sleepers and the burning of the coal,
Am C
Counting the towns flashing by and the night that's full of soul.
G
With light in my head,
F G Am | Am ‖
And you in my arms. Whoo!

Link 2 ‖: G | G | F | F | Am | Am | C | C :‖

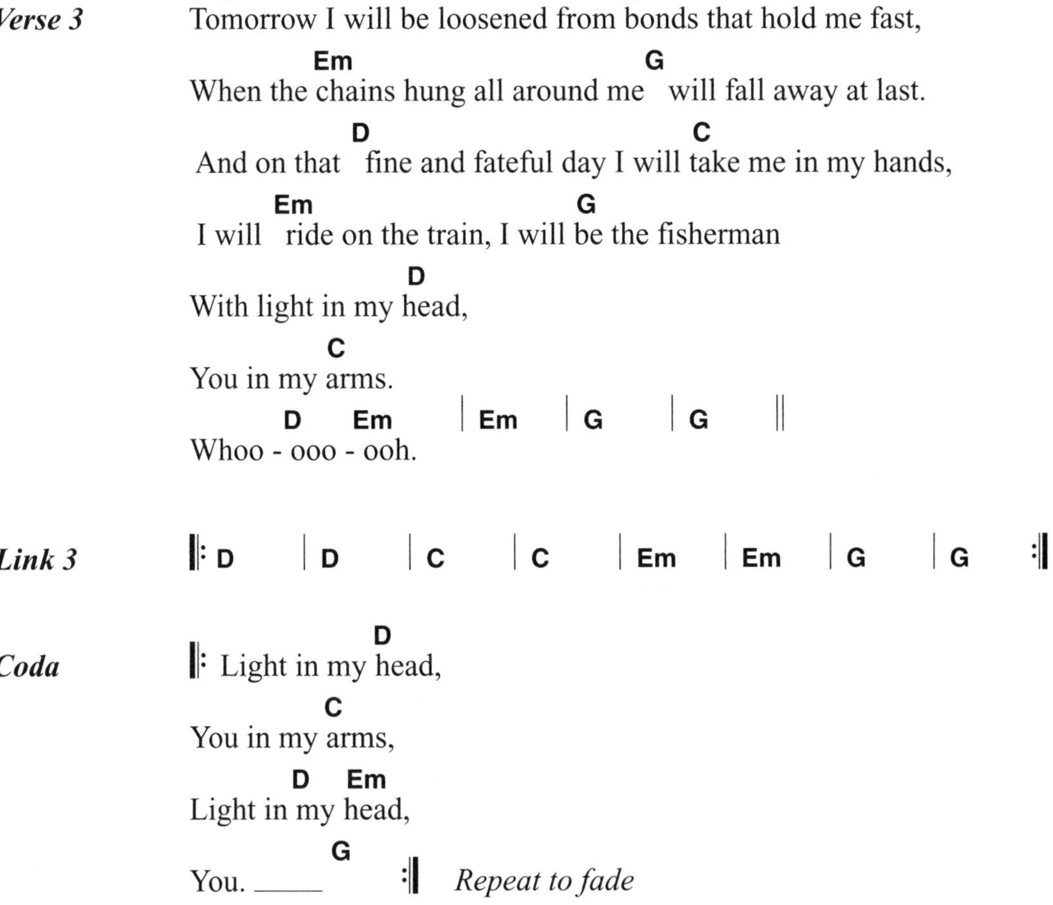

Verse 3

D C
Tomorrow I will be loosened from bonds that hold me fast,
Em G
When the chains hung all around me will fall away at last.
D C
And on that fine and fateful day I will take me in my hands,
Em G
I will ride on the train, I will be the fisherman
D
With light in my head,
C
You in my arms.
D Em | Em | G | G ||
Whoo - ooo - ooh.

Link 3

|: D | D | C | C | Em | Em | G | G :|

Coda

D
|: Light in my head,
C
You in my arms,
D Em
Light in my head,
G
You. _____ :| *Repeat to fade*

Painkiller

Words & Music by
Olly Knights & Gale Paridjanian

A G Dsus2 E A/C♯

Intro

```
| A       | G       | A       | G       |

|: A      | G       | A       | G      :|
```

Verse 1

```
A                          G
Batten up the hatches, here comes the cold,
A                            G
I can feel it creeping, it's making me old
      A                                  G                A    G
You give me so much love that it blows my brains out.
A                                       G
You need something better than the bacon and eggs
     A                                  G
The creaking in the walls and the banging in the bed
      A                                  G                  A       Dsus2
You give me so much love that it blows my brains out.
```

Chorus 1

```
E              A/C♯   Dsus2                       E
   Summer rain,    dripping down your face a - gain
          A/C♯   Dsus2                      E
Summer rain,  praying someone feels the same
          A/C♯           Dsus2
Take the pain -  killer, cycle on your bicycle
E               A/C♯          Dsus2
Leave all this misery be - hind.
```

Interlude

```
|: A      | G       | A       | G      :|
```

Verse 2

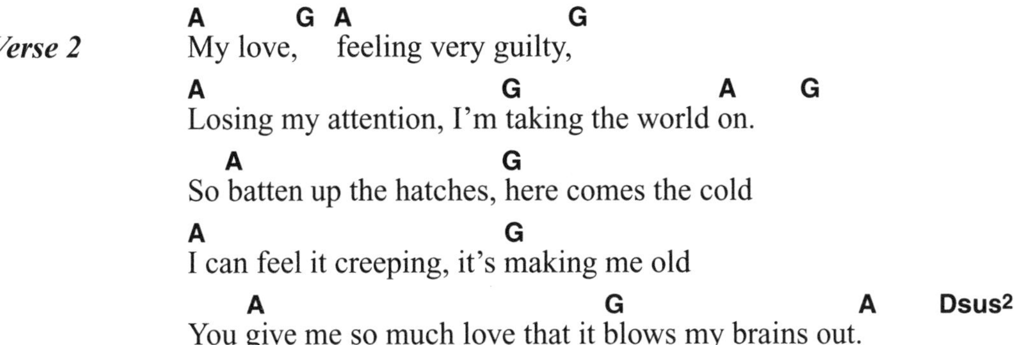

```
A          G A                     G
My love,     feeling very guilty,

A                             G                   A       G
Losing my attention, I'm taking the world on.

   A                          G
So batten up the hatches, here comes the cold

A                             G
I can feel it creeping, it's making me old

     A                                  G                        A       Dsus2
You give me so much love that it blows my brains out.
```

Chorus 2 As Chorus 1

Middle

```
A          G
My love,

A          G
My love,

A          G
My love,

   A          G
Oh my love.
```

Chorus 3 As Chorus 1

Chorus 4 As Chorus 1

```
E                   A/C♯          Dsus2
Leave all this misery be - hind

E                   A/C♯          Dsus2
Leave all this misery be - hind

E                   A/C♯          Dsus2
Leave all this misery be - hind.
```

Days

Words & Music by
Ray Davies

A D E7 C F G

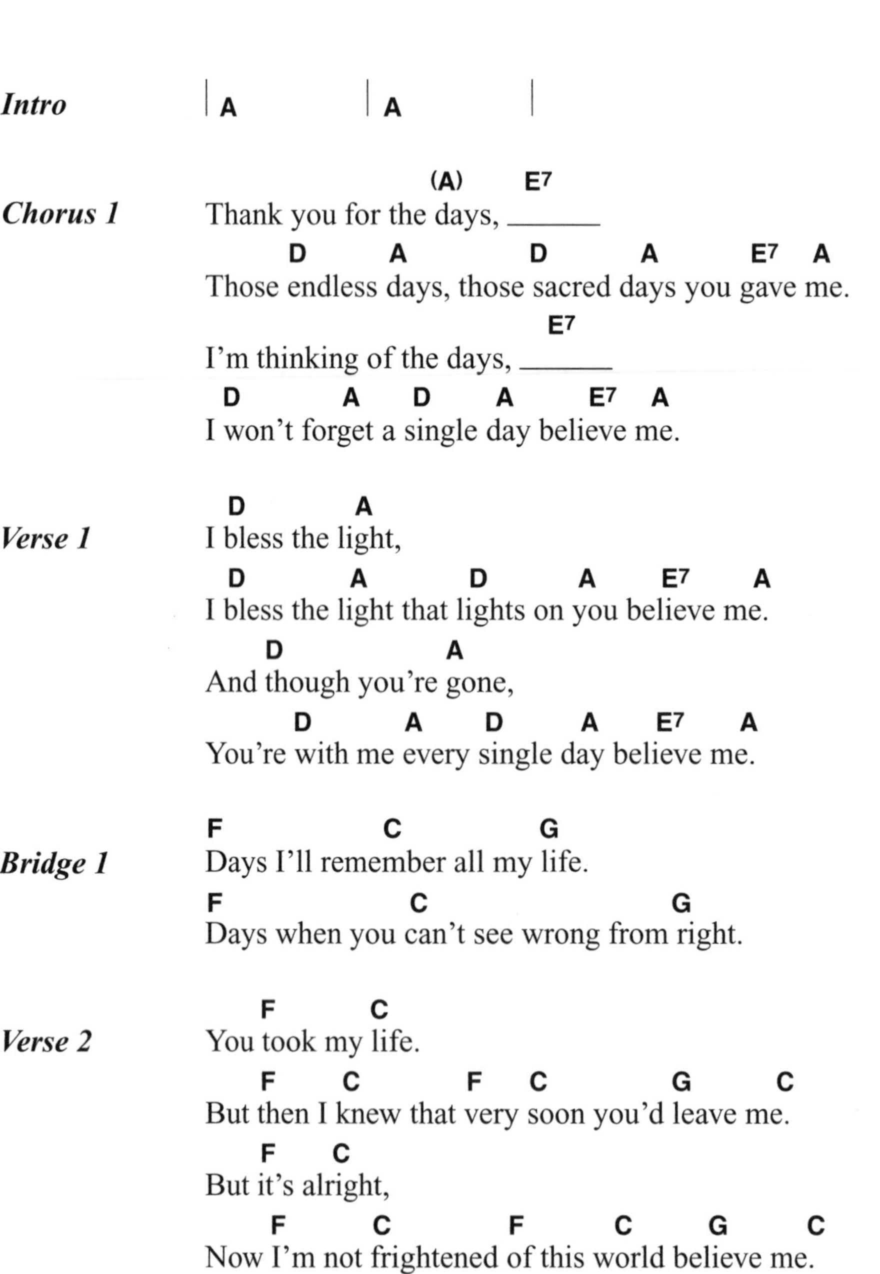

Intro | A | A |

Chorus 1

(A) E7
Thank you for the days, ______
D A D A E7 A
Those endless days, those sacred days you gave me.
E7
I'm thinking of the days, ______
D A D A E7 A
I won't forget a single day believe me.

Verse 1

D A
I bless the light,
D A D A E7 A
I bless the light that lights on you believe me.
D A
And though you're gone,
D A D A E7 A
You're with me every single day believe me.

Bridge 1

F C G
Days I'll remember all my life.
F C G
Days when you can't see wrong from right.

Verse 2

F C
You took my life.
F C F C G C
But then I knew that very soon you'd leave me.
F C
But it's alright,
F C F C G C
Now I'm not frightened of this world believe me.

Middle I wish today could be tomorrow. (E7 … Am)
The night is long, (E7)
It just brings sorrow let it wait. Ah.______ (Am G F E7)

```
                E7                 Am
Middle    I wish today could be tomorrow.
                    E7
          The night is long,
                    Am      G     F           E7
          It just brings sorrow let it wait.  Ah.______
```

Chorus 2 As Chorus 1

Bridge 2 As Bridge 1

Verse 3 As Verse 2

```
          E7
Link      Days...______
```

Chorus 3 As Chorus 1

```
            D          A
Verse 4   I bless the light,
            D          A         D        A       E7     A
          I bless the light that shines on you believe me.
              D              A
          And though you're gone,
                D        A      D       A      E7    A
          You're with me every single day believe me.
```

```
Coda      | A         | A         | A         | A         | A (fermata)    ||
          Days.______________________________________________
```

I Don't Know What I Can Save You From

Words & Music by
Eirik Boee & Erlend Oeye

Cadd9 Am9 G6 G F Dm7 G*

Em7 Fmaj7 Am Am7 Gadd9 C

Capo third fret

Intro | Cadd9 | Amadd9 | G6 G | F |
| Cadd9 | Amadd9 | G6 G | F ||

Verse 1

```
Cadd9                   Amadd9
   You called me after midnight,
                    G6          G      F
Must have been three years since we last spoke.
Cadd9               Amadd9
  I slowly tried to bring back,
                 G6            G            F
The image of your face from the memories so old.
Cadd9                Amadd9
   I tried so hard to follow,
                  G6    G           F
But didn't catch the half of what had gone wrong,
Cadd9                        Amadd9      G6    G    F
   Said "I don't know what I can save you from."________
Cadd9                   Amadd9      G6    G    Dm7     G*
   I don't know what I can save you from.________
```

Instrumental | Cadd9 | Amadd9 | G6 G | F |
| Cadd9 | Amadd9 | G6 G | F ||

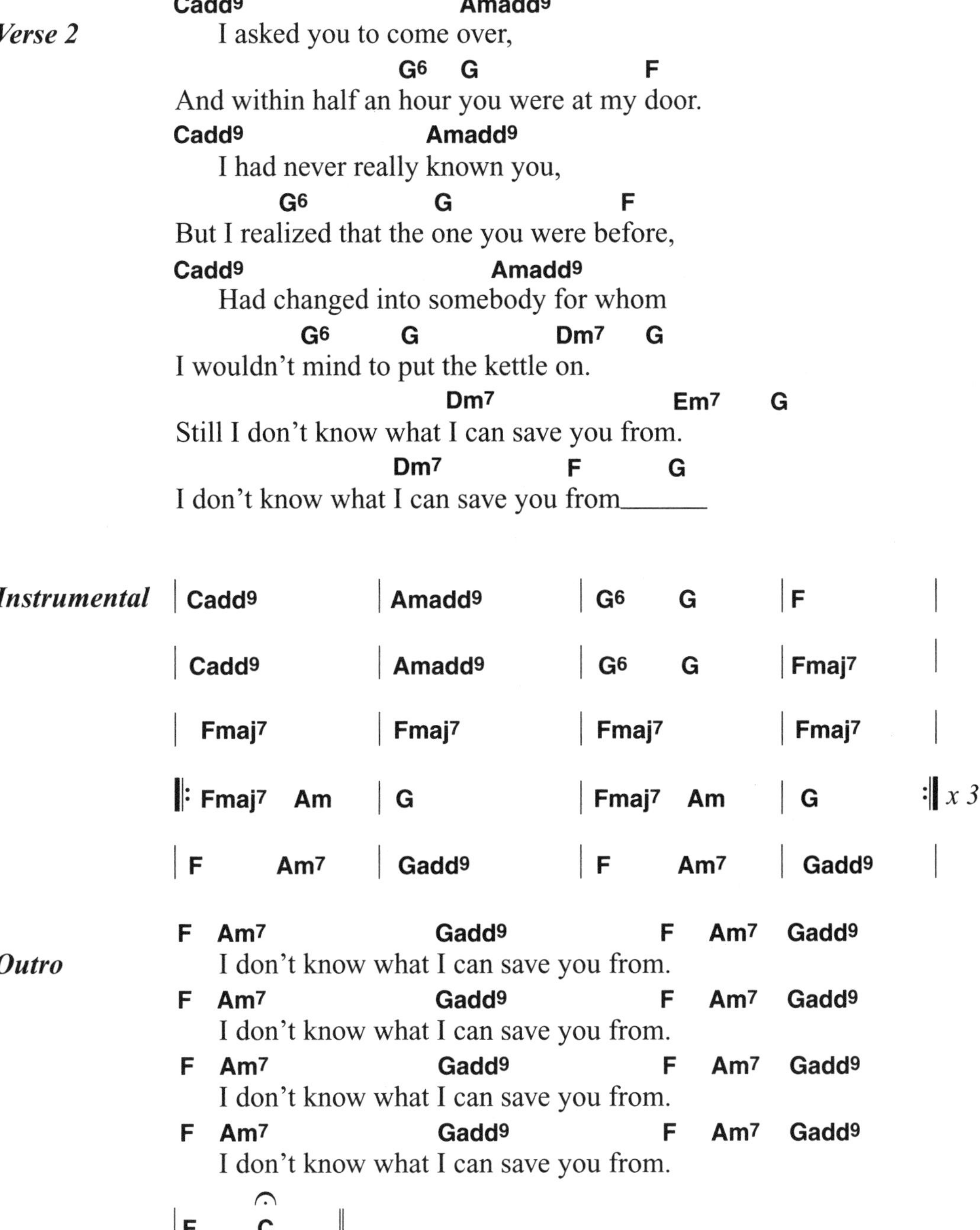

Verse 2

Cadd9 Amadd9
I asked you to come over,
G6 G F
And within half an hour you were at my door.
Cadd9 Amadd9
I had never really known you,
G6 G F
But I realized that the one you were before,
Cadd9 Amadd9
Had changed into somebody for whom
G6 G Dm7 G
I wouldn't mind to put the kettle on.
Dm7 Em7 G
Still I don't know what I can save you from.
Dm7 F G
I don't know what I can save you from______

Instrumental

Cadd9	Amadd9	G6 G	F
Cadd9	Amadd9	G6 G	Fmaj7
Fmaj7	Fmaj7	Fmaj7	Fmaj7
: Fmaj7 Am	G	Fmaj7 Am	G :| x 3
F Am7	Gadd9	F Am7	Gadd9

Outro

F Am7 Gadd9 F Am7 Gadd9
I don't know what I can save you from.
F Am7 Gadd9 F Am7 Gadd9
I don't know what I can save you from.
F Am7 Gadd9 F Am7 Gadd9
I don't know what I can save you from.
F Am7 Gadd9 F Am7 Gadd9
I don't know what I can save you from.

| F C ||

Half The World Away

Words & Music by
Noel Gallagher

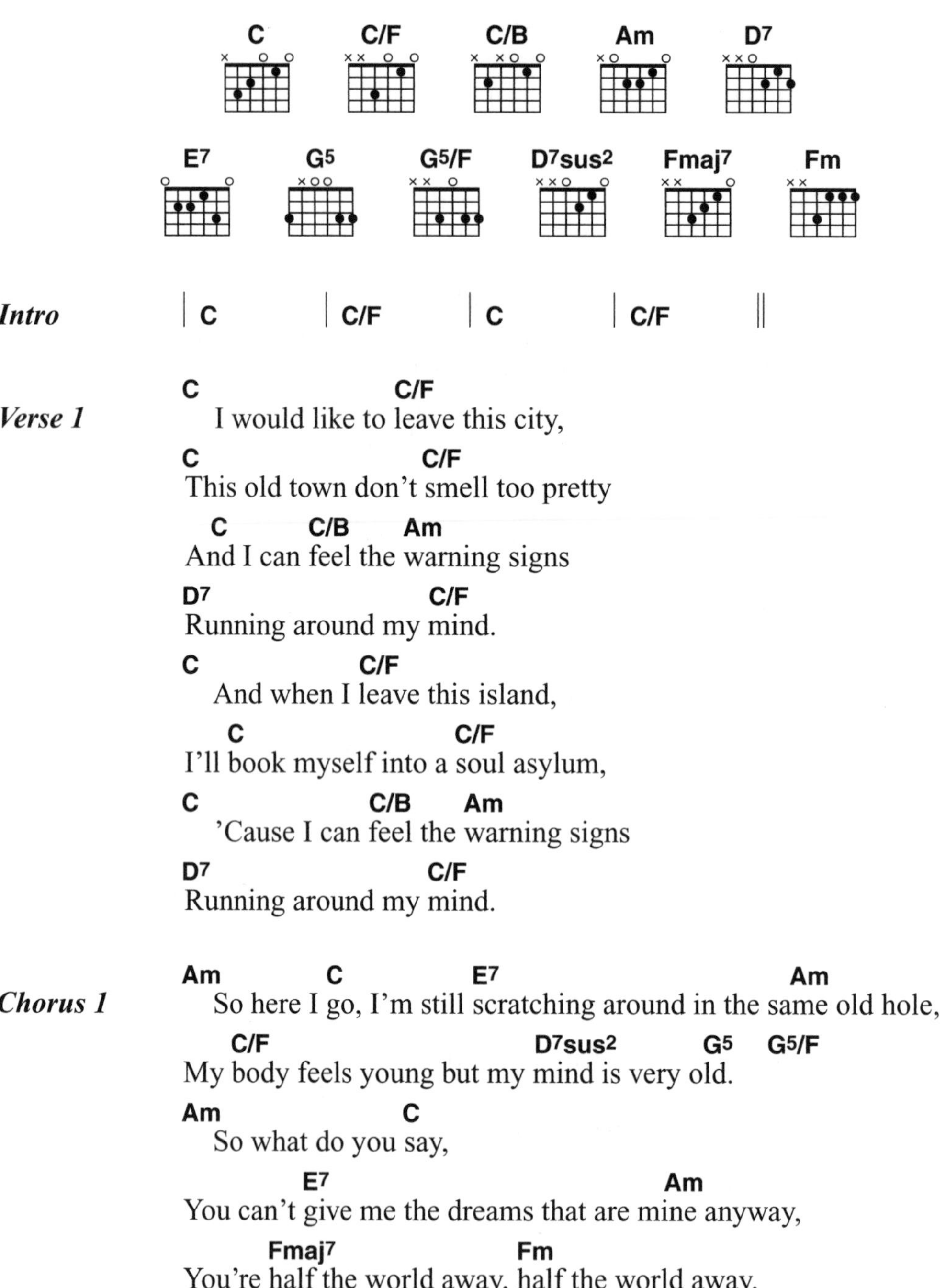

Intro | C | C/F | C | C/F ||

Verse 1

C C/F
I would like to leave this city,
C C/F
This old town don't smell too pretty
C C/B Am
And I can feel the warning signs
D7 C/F
Running around my mind.
C C/F
And when I leave this island,
C C/F
I'll book myself into a soul asylum,
C C/B Am
'Cause I can feel the warning signs
D7 C/F
Running around my mind.

Chorus 1

Am C E7 Am
So here I go, I'm still scratching around in the same old hole,
C/F D7sus2 G5 G5/F
My body feels young but my mind is very old.
Am C
So what do you say,
E7 Am
You can't give me the dreams that are mine anyway,
Fmaj7 Fm
You're half the world away, half the world away,

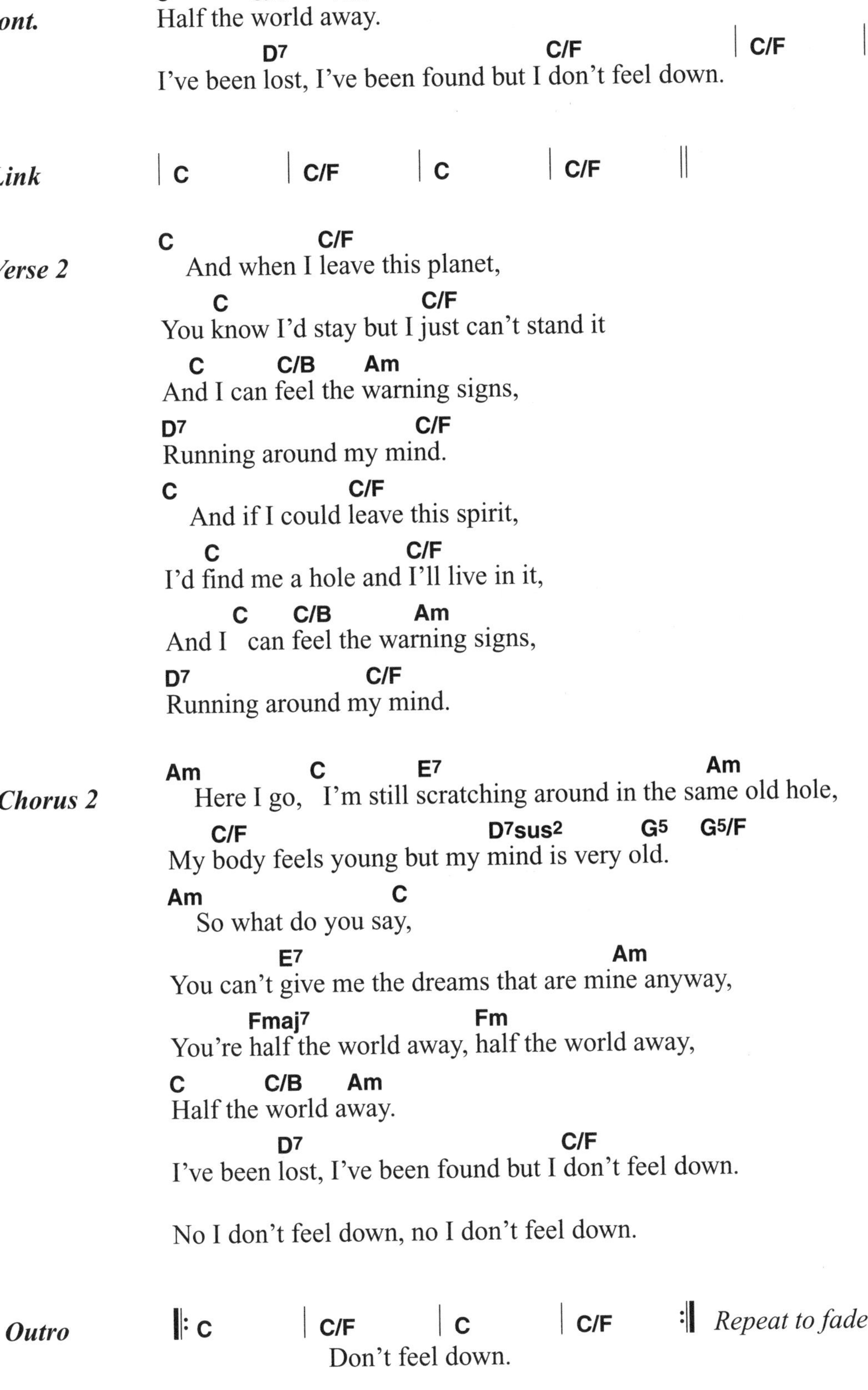

cont.

C C/B Am
Half the world away.
D7 C/F | C/F ||
I've been lost, I've been found but I don't feel down.

Link

| C | C/F | C | C/F ||

Verse 2

C C/F
And when I leave this planet,
C C/F
You know I'd stay but I just can't stand it
C C/B Am
And I can feel the warning signs,
D7 C/F
Running around my mind.
C C/F
And if I could leave this spirit,
C C/F
I'd find me a hole and I'll live in it,
C C/B Am
And I can feel the warning signs,
D7 C/F
Running around my mind.

Chorus 2

Am C E7 Am
Here I go, I'm still scratching around in the same old hole,
C/F D7sus2 G5 G5/F
My body feels young but my mind is very old.
Am C
So what do you say,
E7 Am
You can't give me the dreams that are mine anyway,
Fmaj7 Fm
You're half the world away, half the world away,
C C/B Am
Half the world away.
D7 C/F
I've been lost, I've been found but I don't feel down.

No I don't feel down, no I don't feel down.

Outro

|: C | C/F | C | C/F :| *Repeat to fade*
Don't feel down.

California Dreamin'

Words & Music by
John Phillips & Michelle Phillips

F♯sus4 F♯ Bm A G Em E7

Intro | F♯sus4 F♯ ‖

Verse 1

```
                    Bm      A     G
All the leaves are brown,
                 F♯sus4  F♯
And the sky is grey.
             Bm     A     G
I went for a walk,
                F♯sus4  F♯
On a winter's day.
                 Bm     A     G
I'd be safe and warm,
                F♯sus4  F♯
If I was in LA.
```

Chorus 1

```
             Bm        A     G
California dreamin',
                     F♯sus4  F♯
On such a winter's day.
```

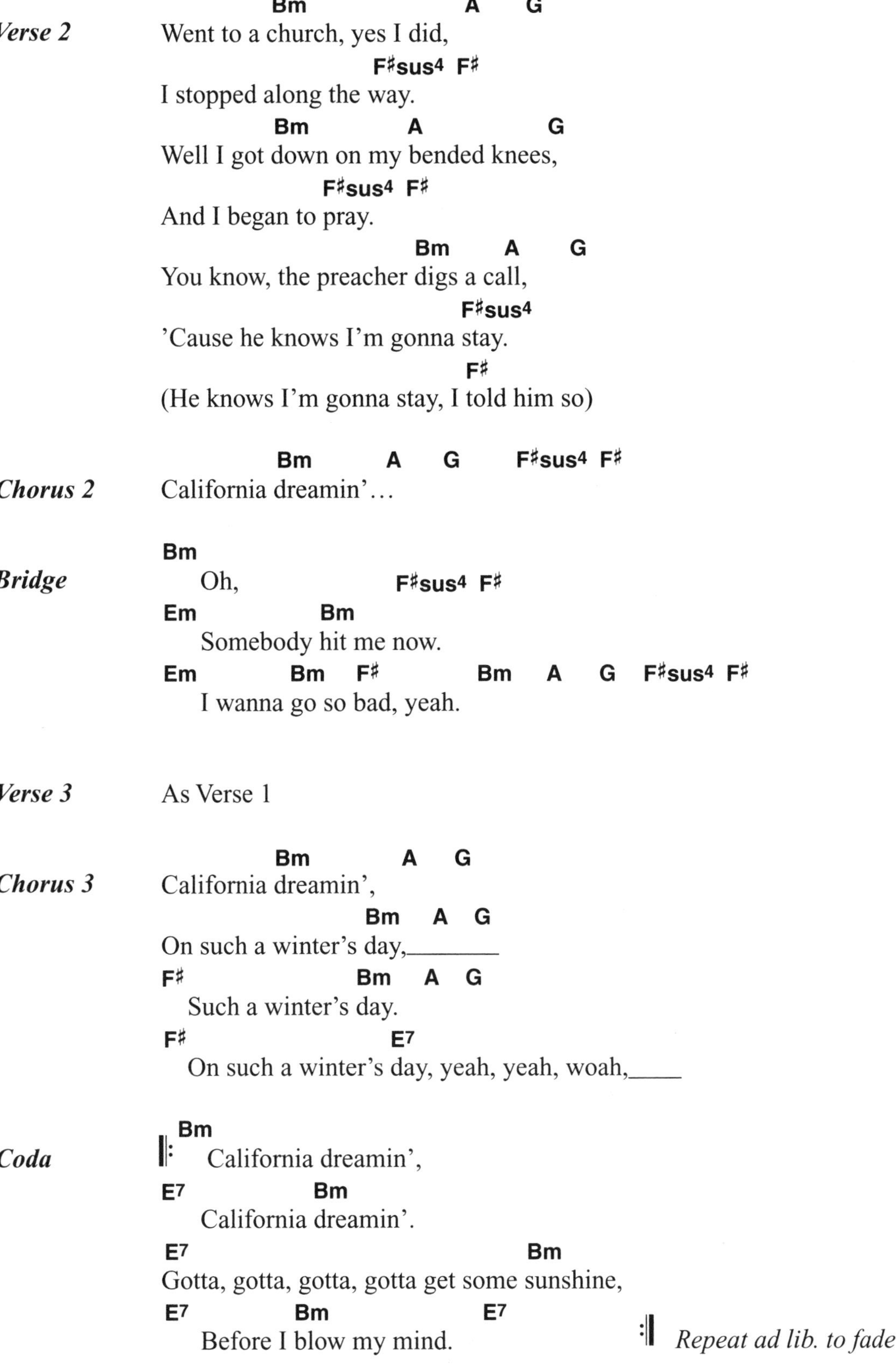

Verse 2

Bm A G
Went to a church, yes I did,
F♯sus4 F♯
I stopped along the way.
Bm A G
Well I got down on my bended knees,
F♯sus4 F♯
And I began to pray.
Bm A G
You know, the preacher digs a call,
F♯sus4
'Cause he knows I'm gonna stay.
F♯
(He knows I'm gonna stay, I told him so)

Chorus 2

Bm A G F♯sus4 F♯
California dreamin'…

Bridge

Bm
Oh, F♯sus4 F♯
Em Bm
Somebody hit me now.
Em Bm F♯ Bm A G F♯sus4 F♯
I wanna go so bad, yeah.

Verse 3

As Verse 1

Chorus 3

Bm A G
California dreamin',
Bm A G
On such a winter's day,_______
F♯ Bm A G
Such a winter's day.
F♯ E7
On such a winter's day, yeah, yeah, woah,____

Coda

Bm
𝄆 California dreamin',
E7 Bm
California dreamin'.
E7 Bm
Gotta, gotta, gotta, gotta get some sunshine,
E7 Bm E7
Before I blow my mind. 𝄇 *Repeat ad lib. to fade*

Light My Fire

Words & Music by
Jim Morrison, Robbie Krieger, Ray Manzarek & John Densmore

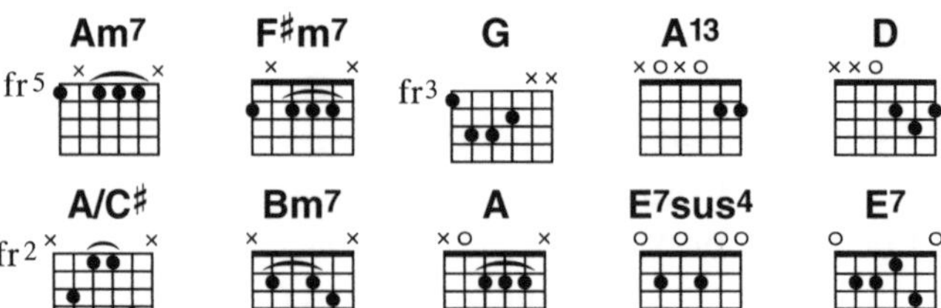

Intro

Am7	F♯m7	Am7	F♯m7
G A13	D A/C♯ Bm7 A	G A13
D A/C♯ Bm7 A	G F♯m7	E7sus4	E7sus4	

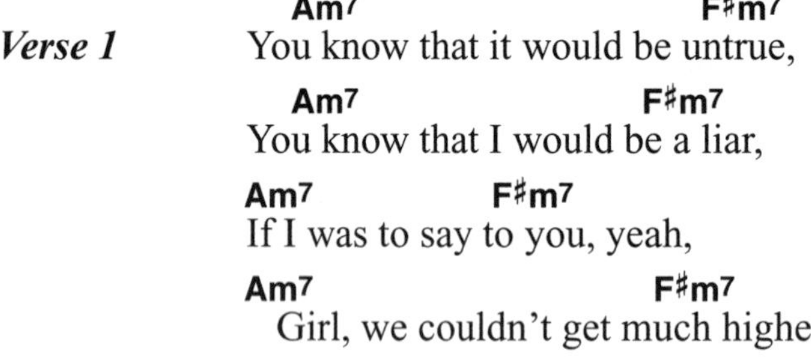

Verse 1

```
  Am7                       F♯m7
You know that it would be untrue,
  Am7                    F♯m7
You know that I would be a liar,
Am7              F♯m7
If I was to say to you, yeah,
Am7                       F♯m7
  Girl, we couldn't get much higher.
```

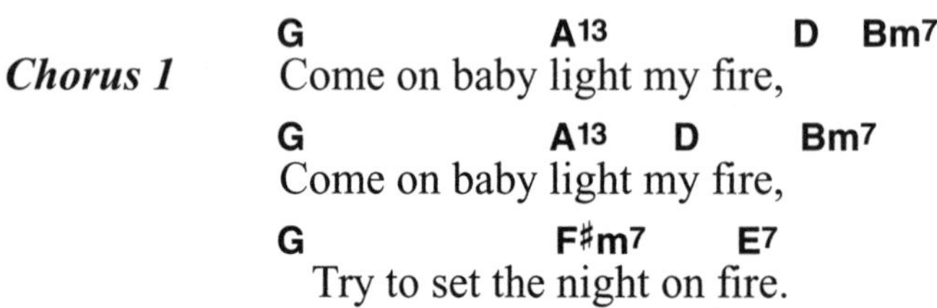

Chorus 1

```
G                A13           D   Bm7
Come on baby light my fire,
G                A13    D       Bm7
Come on baby light my fire,
G                F♯m7     E7
  Try to set the night on fire.
```

Verse 2

```
  Am7                F♯m7
The time for hesitation's through,
       Am7                        F♯m7
There's no time to wallow in the mire.
Am7                     F♯m7
  Darlin' we could only lose
        Am7                          F♯m7
And our love become a funeral pyre.
```

Chorus 2 As Chorus 1

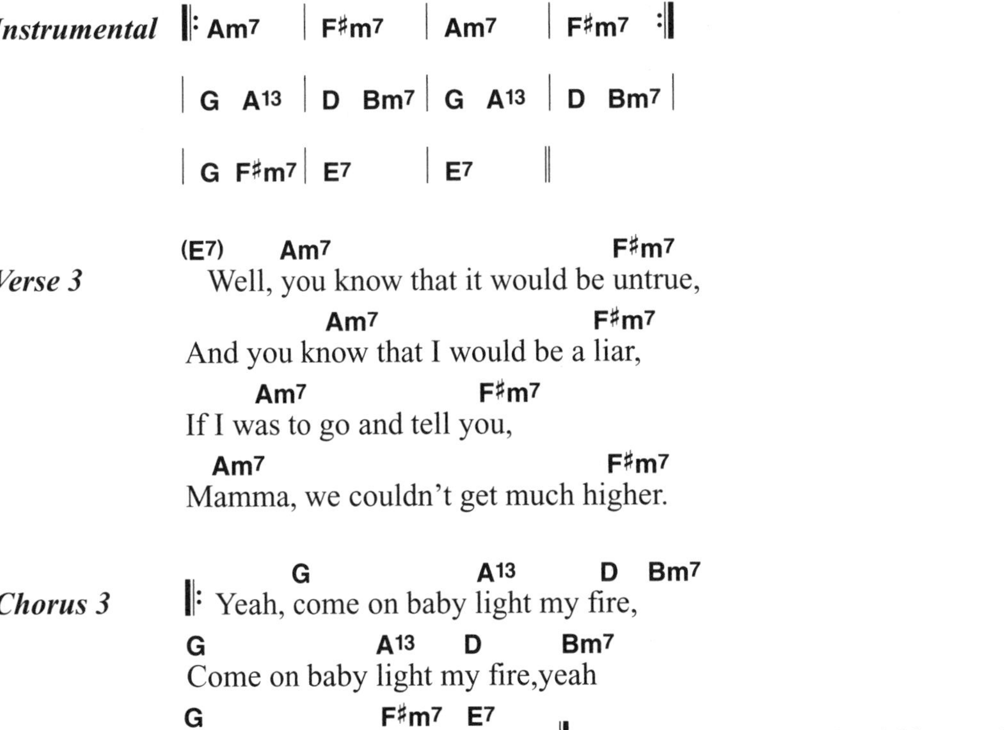

Instrumental

```
||: Am7    | F#m7   | Am7    | F#m7   :||
|  G  A13 | D  Bm7 | G  A13 | D  Bm7 |
|  G F#m7 | E7     | E7     ||
```

Verse 3

```
(E7)     Am7                          F#m7
   Well, you know that it would be untrue,
                Am7                 F#m7
And you know that I would be a liar,
      Am7                 F#m7
If I was to go and tell you,
   Am7                               F#m7
Mamma, we couldn't get much higher.
```

Chorus 3

```
               G                  A13         D    Bm7
||: Yeah, come on baby light my fire,
G                 A13      D          Bm7
Come on baby light my fire,yeah
G                 F#m7  E7
   Try to set the night on fire. :||
```

Repeat to fade with ad lib. vocal

Beautiful Daughter

Words & Music by
Roy Wood

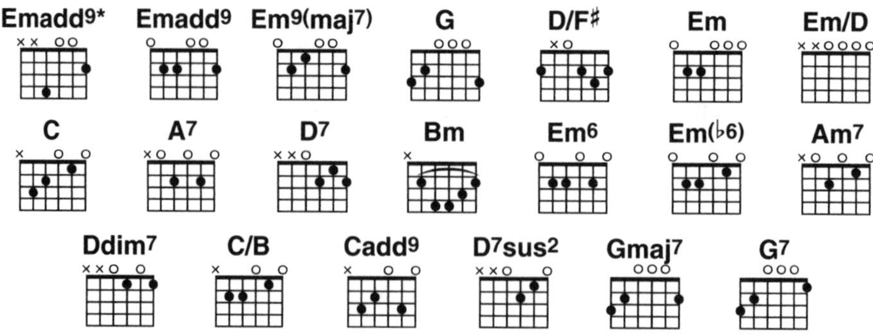

Intro | Emadd9* | Emadd9 | Em9(maj7) |

Verse 1

```
G                          D/F♯          Em
There we go, running before we can walk again,
             Em/D         C
Can you imagine the hours I keep?
A7                       D7             A7         D7
Learning to sleep again, see her face again,
G                                D/F♯           Em
Blast the world, fruits of the morning are bleak and grey.
            Em/D             C
Carry the weight of the heart in a storm,
A7                     D7        G
Suffer the dawn today, today.
```

Chorus 1

```
Em                                       A7              C
Your beautiful daughter made me younger yesterday,
Em                                    A7                     Bm
   Beautiful daughter, now the darkness hides the tears that soak
     A7                 D7
The pillow where she lay.
```

Verse 2

```
G                        D/F♯          Em
Wide awake, lying in wait for the moon to break,
                Em/D         C
Drinking the lake of the dreams that we share,
A7                        D7      G
Wanting you there today, today.
```

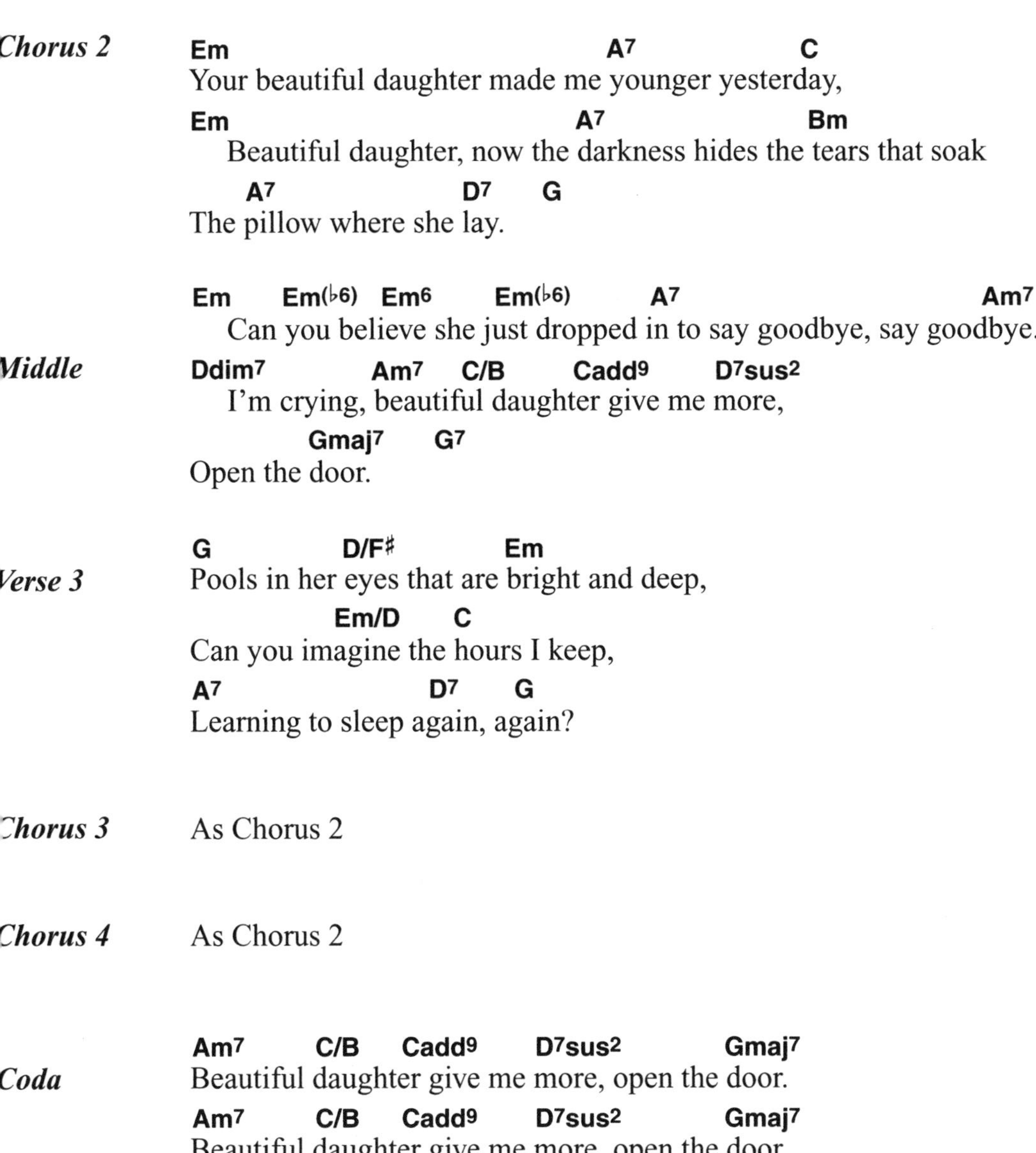

Chorus 2

Em A7 C
Your beautiful daughter made me younger yesterday,
Em A7 Bm
Beautiful daughter, now the darkness hides the tears that soak
A7 D7 G
The pillow where she lay.

Em Em(♭6) Em6 Em(♭6) A7 Am7
Can you believe she just dropped in to say goodbye, say goodbye.

Middle

Ddim7 Am7 C/B Cadd9 D7sus2
I'm crying, beautiful daughter give me more,
Gmaj7 G7
Open the door.

Verse 3

G D/F♯ Em
Pools in her eyes that are bright and deep,
Em/D C
Can you imagine the hours I keep,
A7 D7 G
Learning to sleep again, again?

Chorus 3

As Chorus 2

Chorus 4

As Chorus 2

Coda

Am7 C/B Cadd9 D7sus2 Gmaj7
Beautiful daughter give me more, open the door.
Am7 C/B Cadd9 D7sus2 Gmaj7
Beautiful daughter give me more, open the door.
Am7 C/B Cadd9 D7sus2 Gmaj7
Beautiful daughter give me more, open the door. *Fade*

Thirteen

Words & Music by
Alex Chilton & Chris Bell

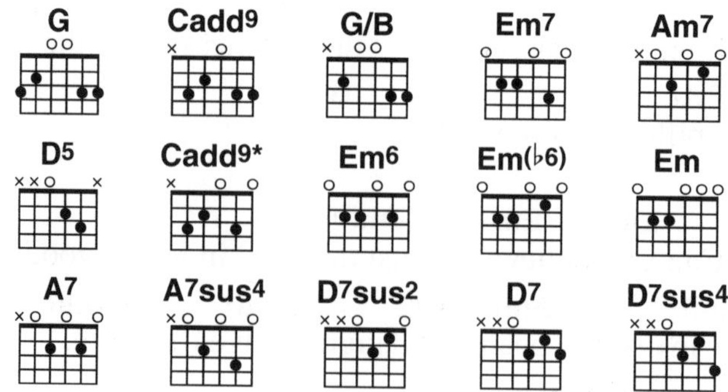

Capo third fret

Intro | G Cadd9 | G Cadd9 |

Verse 1

```
G              Cadd9
  Won't you let me
G         Cadd9      G        Cadd9     G     Cadd9
Walk you home from school?
G          Cadd9
Won't you let me
G/B       Em7  C    G/B     Am7
Meet you at the pool?_________
          Em7      Am7
Maybe Friday I can
     Em7             Am7
Get tickets for the dance,
           D5  Cadd9*  G/B  Am7
And I'll take___________ you, ooh._____
```

| G Am7 | G Am7 |

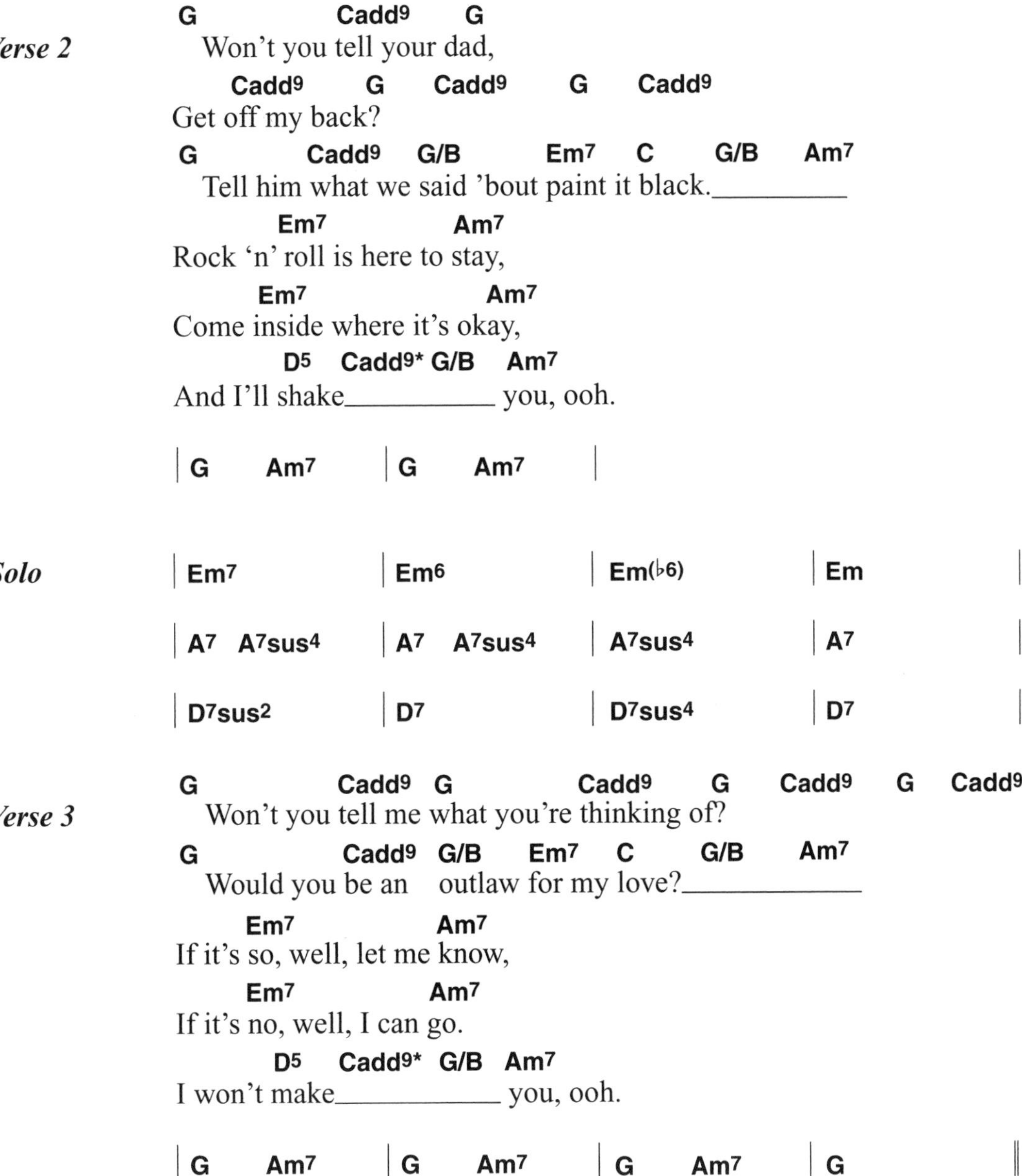

Verse 2

G Cadd9 G
Won't you tell your dad,
Cadd9 G Cadd9 G Cadd9
Get off my back?
G Cadd9 G/B Em7 C G/B Am7
Tell him what we said 'bout paint it black.________
Em7 Am7
Rock 'n' roll is here to stay,
Em7 Am7
Come inside where it's okay,
D5 Cadd9* G/B Am7
And I'll shake__________ you, ooh.

| G Am7 | G Am7 |

Solo

Em7	Em6	Em(♭6)	Em
A7 A7sus4	A7 A7sus4	A7sus4	A7
D7sus2	D7	D7sus4	D7

Verse 3

G Cadd9 G Cadd9 G Cadd9 G Cadd9
Won't you tell me what you're thinking of?
G Cadd9 G/B Em7 C G/B Am7
Would you be an outlaw for my love?____________
Em7 Am7
If it's so, well, let me know,
Em7 Am7
If it's no, well, I can go.
D5 Cadd9* G/B Am7
I won't make___________ you, ooh.

| G Am7 | G Am7 | G Am7 | G ||

Lady Eleanor

Words & Music by
Alan Hull

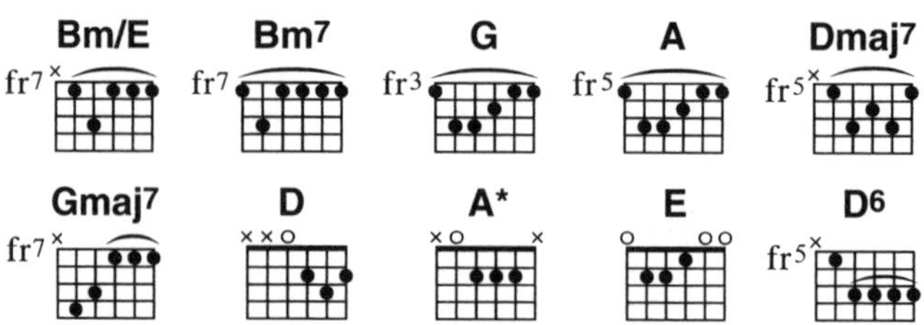

Intro |: Bm/E | Bm7 | Bm/E | Bm7 :|
Play 6 times

Verse 1

```
Bm/E                                Bm7
I see playing magician sitting lotus on the floor,
Bm/E                             Bm7
Belly dancing beauty with a power-driven saw.
Bm/E                                       Bm7
Had my share of nightmares, didn't think there could be much more,
       G                    A              Bm7          N.C.
Then in walked Rodrick Usher with the Lady Eleanor.
```

Verse 2

```
     Bm/E                                Bm7
She tied my eyes with ribbon of a silken ghostly thread,
  Bm/E                                  Bm7
I gazed with troubled vision on an old four poster bed.
         Bm/E                                 Bm7
Where Eleanor had risen to kiss the neck below my head,
      G                A                      Bm7
And bid me come along with her to the land of the dancing dead.
```

Chorus 1

```
N.C.      G  A        Dmaj7         Gmaj7  | Gmaj7       |
But it's all right, Lady Eleanor,
G   A        Dmaj7         Gmaj7  | Gmaj7     |
All right, Lady Eleanor,
D        A*            E
I'm all right where I am.
```

| E | E | E | Bm/E | Bm7 |

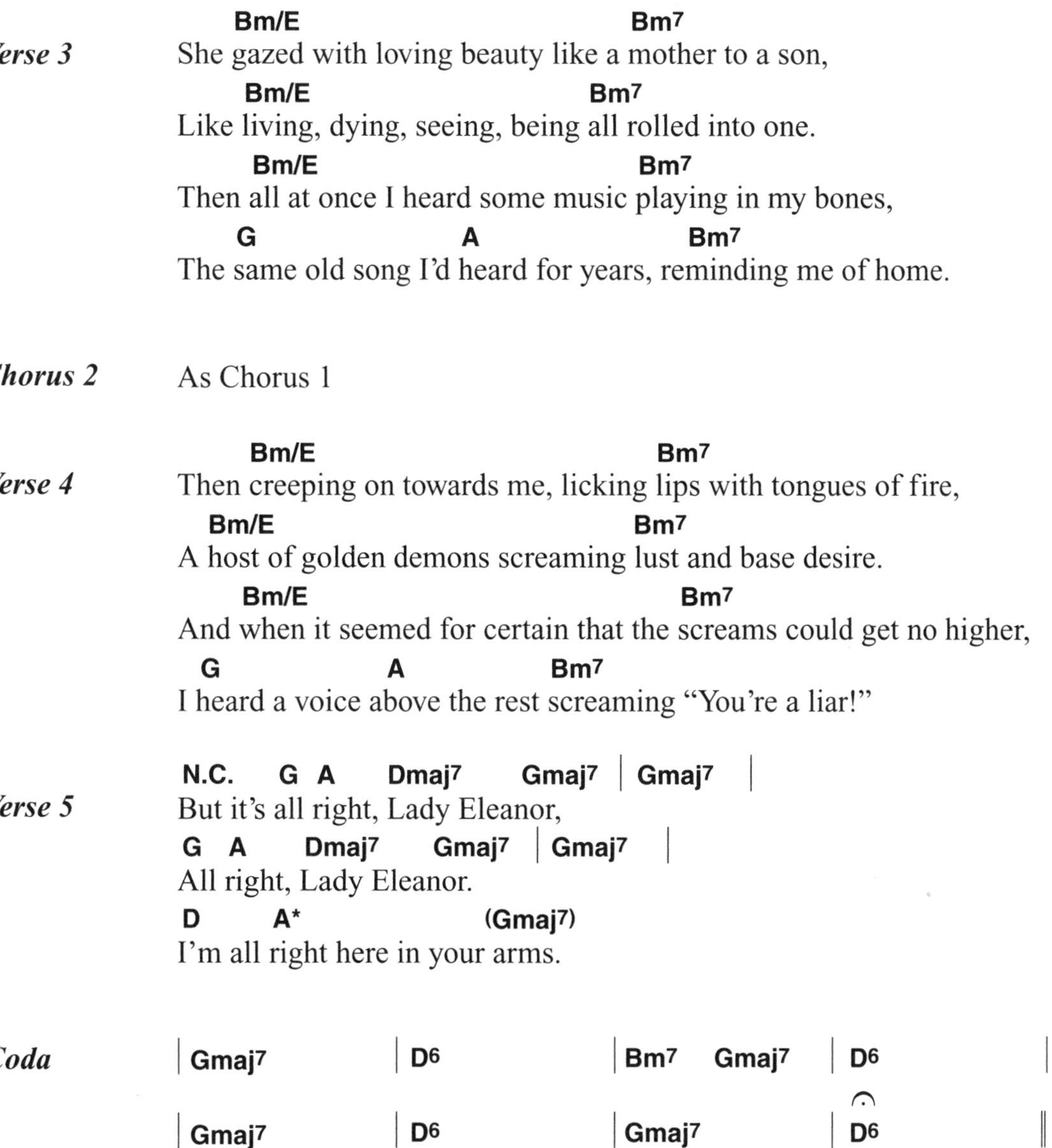

```
             Bm/E                          Bm7
erse 3       She gazed with loving beauty like a mother to a son,
               Bm/E                     Bm7
             Like living, dying, seeing, being all rolled into one.
                Bm/E                           Bm7
             Then all at once I heard some music playing in my bones,
               G               A                   Bm7
             The same old song I'd heard for years, reminding me of home.

horus 2      As Chorus 1

                Bm/E                             Bm7
erse 4       Then creeping on towards me, licking lips with tongues of fire,
              Bm/E                              Bm7
             A host of golden demons screaming lust and base desire.
                Bm/E                                 Bm7
             And when it seemed for certain that the screams could get no higher,
              G              A            Bm7
             I heard a voice above the rest screaming "You're a liar!"

             N.C.   G  A    Dmaj7     Gmaj7 | Gmaj7  |
erse 5       But it's all right, Lady Eleanor,
             G  A     Dmaj7     Gmaj7 | Gmaj7  |
             All right, Lady Eleanor.
             D     A*              (Gmaj7)
             I'm all right here in your arms.

oda          | Gmaj7        | D6           | Bm7   Gmaj7  | D6          |
                                                          𝄐
             | Gmaj7        | D6           | Gmaj7        | D6          ||
```

Time In A Bottle

Words & Music by
Jim Croce

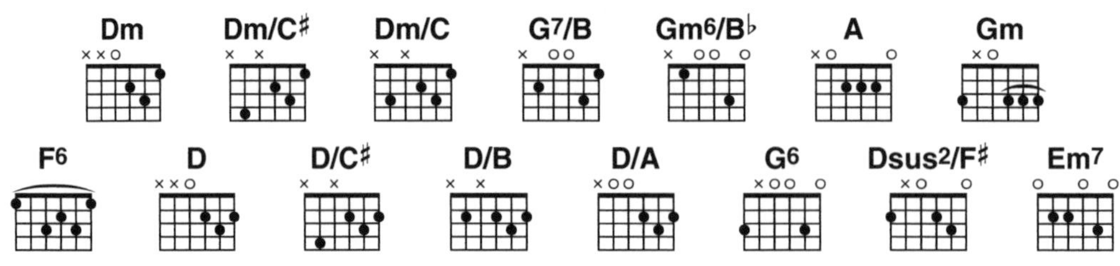

Intro | Dm | Dm/C♯ | Dm/C | G7/B |
| Gm6/B♭ | Gm6/B♭ | A | A ||

Verse 1

```
 Dm          Dm/C♯        Dm/C   G7/B
If I could save time in a bottle
   Gm6/B♭                     A
The first thing that I'd like to do,
    Dm        Dm/C
Is to save every day
     Gm6/B♭   Gm     F6
'Til eternity   passes away
       Gm                   A
Just to spend them with you.
```

Verse 2

```
 Dm               Dm/C♯     Dm/C   G7/B
If I could make days last forever,
 Gm6/B♭                          A
If words could make wishes come true.
  Dm          Dm/C
I'd save every day
        Gm6/B♭     Gm
Like a treasure and then,
 F6             Gm               A
Again, I would spend them with you.
```

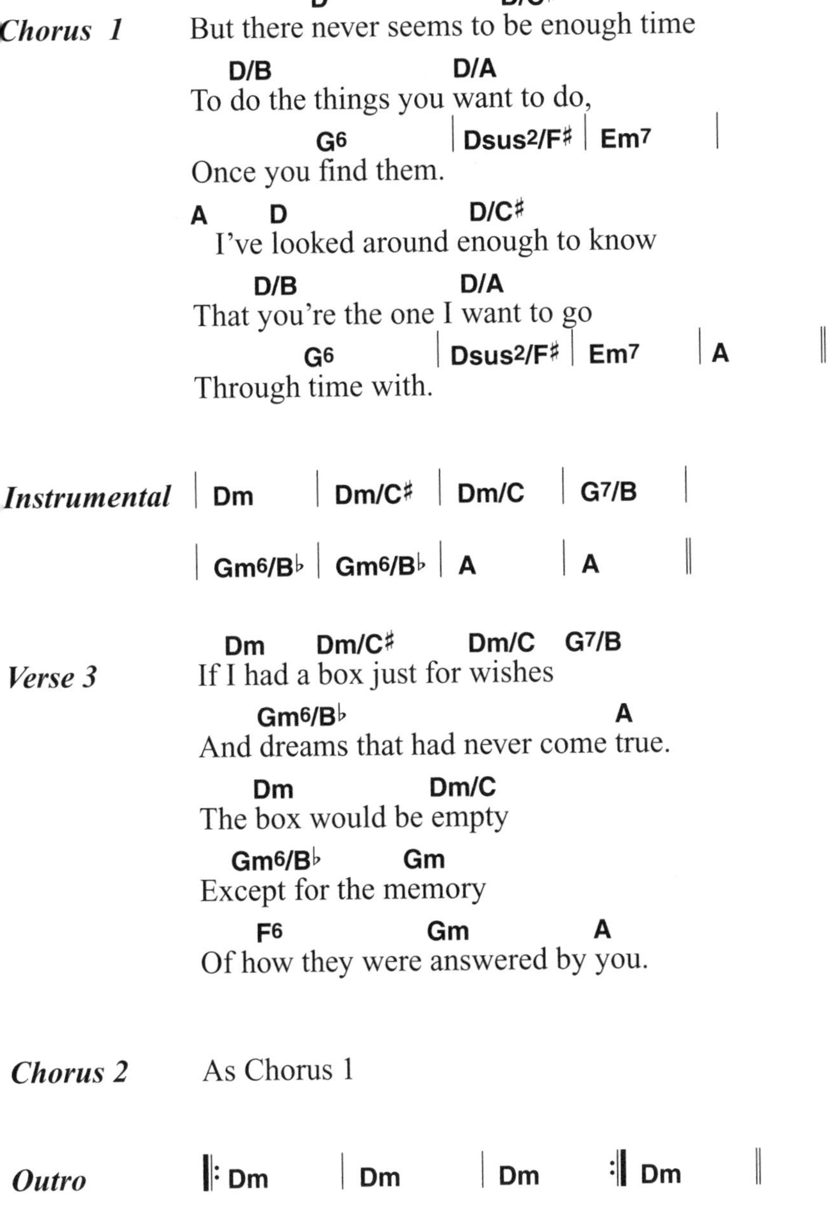

Chorus 1

D D/C#
But there never seems to be enough time

D/B D/A
To do the things you want to do,

G6 | Dsus2/F# | Em7 |
Once you find them.

A D D/C#
I've looked around enough to know

D/B D/A
That you're the one I want to go

G6 | Dsus2/F# | Em7 | A ||
Through time with.

Instrumental

| Dm | Dm/C# | Dm/C | G7/B |

| Gm6/B♭ | Gm6/B♭ | A | A ||

Verse 3

Dm Dm/C# Dm/C G7/B
If I had a box just for wishes

Gm6/B♭ A
And dreams that had never come true.

Dm Dm/C
The box would be empty

Gm6/B♭ Gm
Except for the memory

F6 Gm A
Of how they were answered by you.

Chorus 2

As Chorus 1

Outro

||: Dm | Dm | Dm :|| Dm ||

Lovin' You

Words & Music by
Minnie Riperton & Richard Rudolph

Dmaj7 C♯m7 Bm7 Amaj7
B/A A6/9 D E

Intro |: Dmaj7 C♯m7 | Bm7 Amaj7 :|

Verse 1

```
Dmaj7 C♯m7 Bm7                  Amaj7
Lovin' you is easy 'cause  you're beautiful
Dmaj7                 C♯m7   Bm7        Amaj7
   Makin' love with you, is all I wanna do.
Dmaj7     C♯m7  Bm7                Amaj7
   Lovin' you is more than just a dream come true
Dmaj7                          C♯m7 Bm7          Amaj7
   And everything that I do, is out of lovin' you.
```

Chorus 1

```
Dmaj7           C♯m7
La la la la la, la la la la la
Bm7              Amaj7
La la la la la la la la la la la
Dmaj7             C♯m7
   Do do do do do
Bm7                        Amaj7
Ah - ah - ah -ah - ah - ah.
```

Bridge 1

```
Bm7                 C♯m7
No one else can make me feel
     Bm7     C♯m7    B/A    A6/9
The colours that you bring.
Bm7                      C♯m7
Stay with me while we grow old
     Bm7     C♯m7     D      E
And we will live each day in springtime,
```

Verse 2

Dmaj7 C#m7 Bm7 Amaj7
'Cause lovin' you has made my life so beautiful

Dmaj7 C#m7 Bm7 Amaj7
And every day of my life is filled with lovin' you.

Dmaj7 C#m7 Bm7 Amaj7
Lovin' you I see your soul come shinin' through

Dmaj7 C#m7 Bm7 Amaj7
And every time that we oooh, I'm more in love with you.

Chorus 2

Dmaj7 C#m7
La la la la la, la la la la la

Bm7 Amaj7
La la la la la la la la la la la

Dmaj7 C#m7
Do do do do do

Bm7 Amaj7
Ah - ah - ah -ah - ah - ah.

Bridge 2

Bm7 C#m7
No one else can make me feel

Bm7 D/E B/A A6/9
The colours that you bring.

Bm7 C#m7
Stay with me while we grow old

Bm7 C#m7 D E
And we will live each day in springtime,

Verse 3

Dmaj7 C#m7 Bm7 Amaj7
'Cause lovin' you is easy 'cause you're beautiful

Dmaj7 C#m7 Bm7 Amaj7
And every day of my life is filled with lovin' you.

Dmaj7 C#m7 Bm7 Amaj7
Lovin' you I see your soul come shinin' through

Dmaj7 C#m7 Bm7 Amaj7
And every time that we oooh, I'm more in love with you.

Chorus 3

Dmaj7 C#m7
La la la la la, la la la la la

Bm7 Amaj7
La la la la la la la la la la la

Dmaj7 C#m7
Do do do do do

Bm7 Amaj7
Ah - ah - ah -ah - ah - ah.

Outro

𝄆 Dmaj7 C#m7 | Bm7 Amaj7 𝄇 *ad lib vocals to fade*

Home Thoughts From Abroad

Words & Music by
Clifford T. Ward

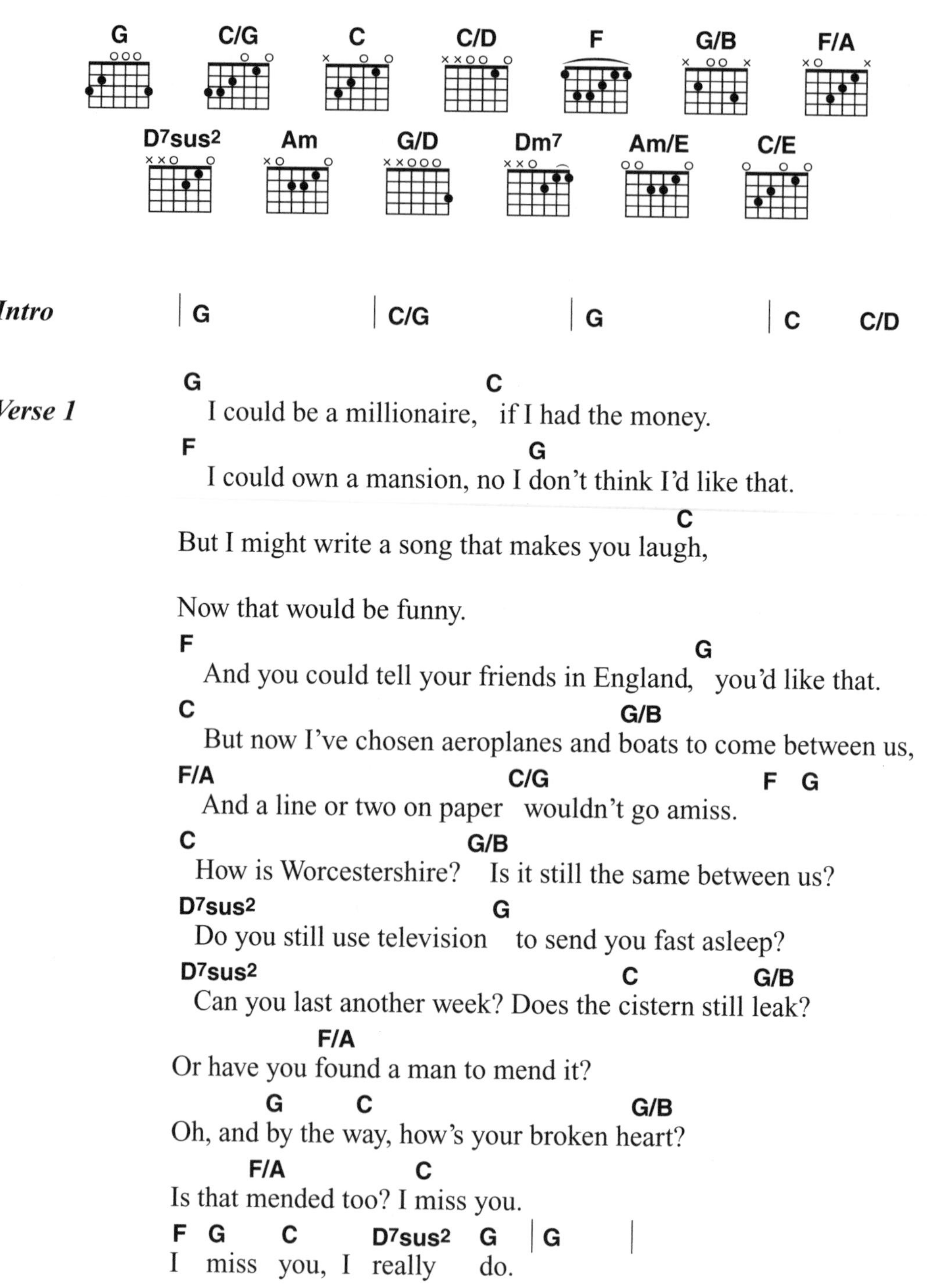

Intro | G | C/G | G | C C/D ||

Verse 1

G C
I could be a millionaire, if I had the money.
F G
I could own a mansion, no I don't think I'd like that.
C
But I might write a song that makes you laugh,
Now that would be funny.
F G
And you could tell your friends in England, you'd like that.
C G/B
But now I've chosen aeroplanes and boats to come between us,
F/A C/G F G
And a line or two on paper wouldn't go amiss.
C G/B
How is Worcestershire? Is it still the same between us?
D7sus2 G
Do you still use television to send you fast asleep?
D7sus2 C G/B
Can you last another week? Does the cistern still leak?
F/A
Or have you found a man to mend it?
G C G/B
Oh, and by the way, how's your broken heart?
F/A C
Is that mended too? I miss you.
F G C D7sus2 G | G |
I miss you, I really do.

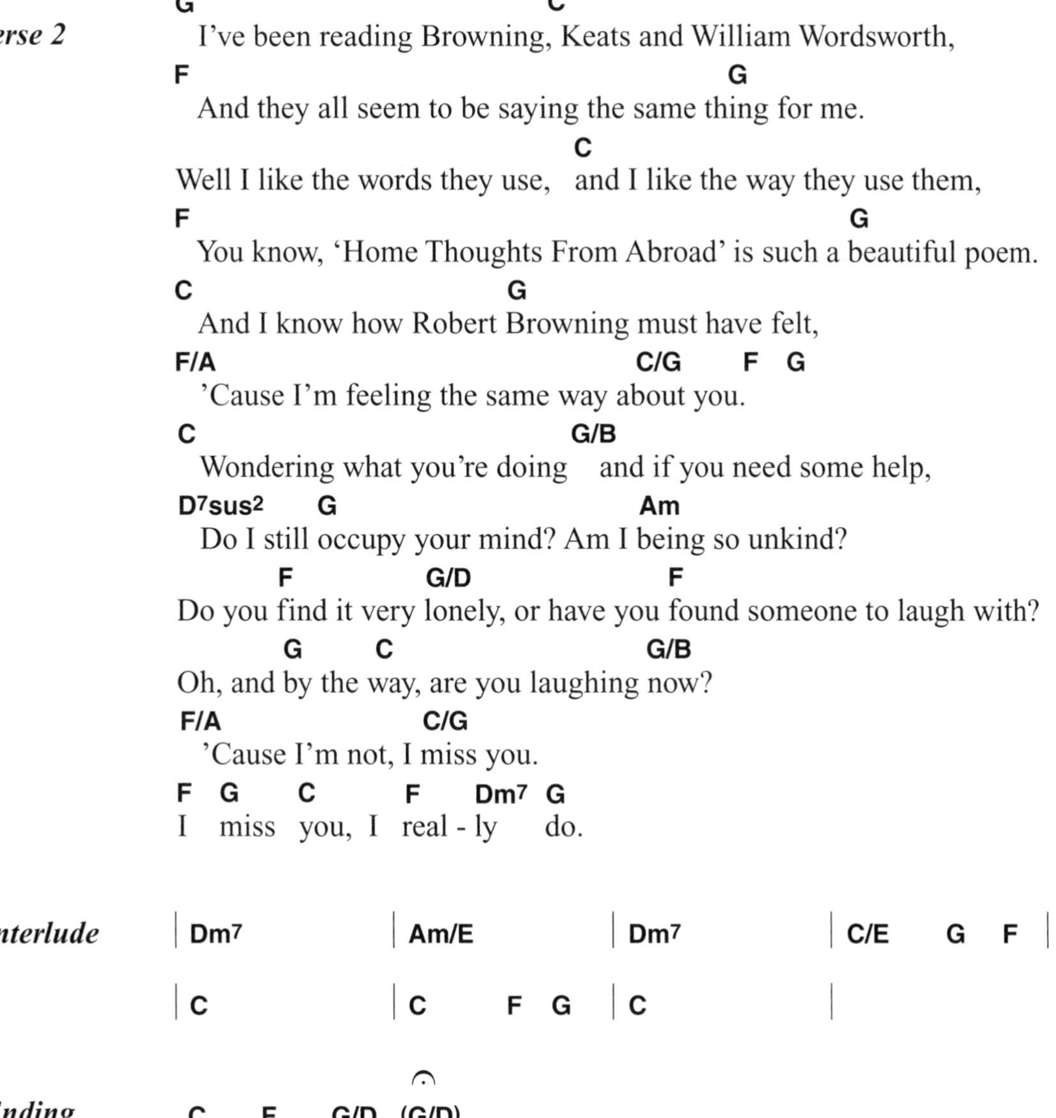

erse 2

G C
I've been reading Browning, Keats and William Wordsworth,
F G
And they all seem to be saying the same thing for me.
C
Well I like the words they use, and I like the way they use them,
F G
You know, 'Home Thoughts From Abroad' is such a beautiful poem.
C G
And I know how Robert Browning must have felt,
F/A C/G F G
'Cause I'm feeling the same way about you.
C G/B
Wondering what you're doing and if you need some help,
D7sus2 G Am
Do I still occupy your mind? Am I being so unkind?
F G/D F
Do you find it very lonely, or have you found someone to laugh with?
G C G/B
Oh, and by the way, are you laughing now?
F/A C/G
'Cause I'm not, I miss you.
F G C F Dm7 G
I miss you, I real - ly do.

nterlude

| Dm7 | Am/E | Dm7 | C/E G F |
| C | C F G | C | |

nding

C F G/D (G/D)
I real - ly do.

Fell In Love With A Boy

Words & Music by
Jack White

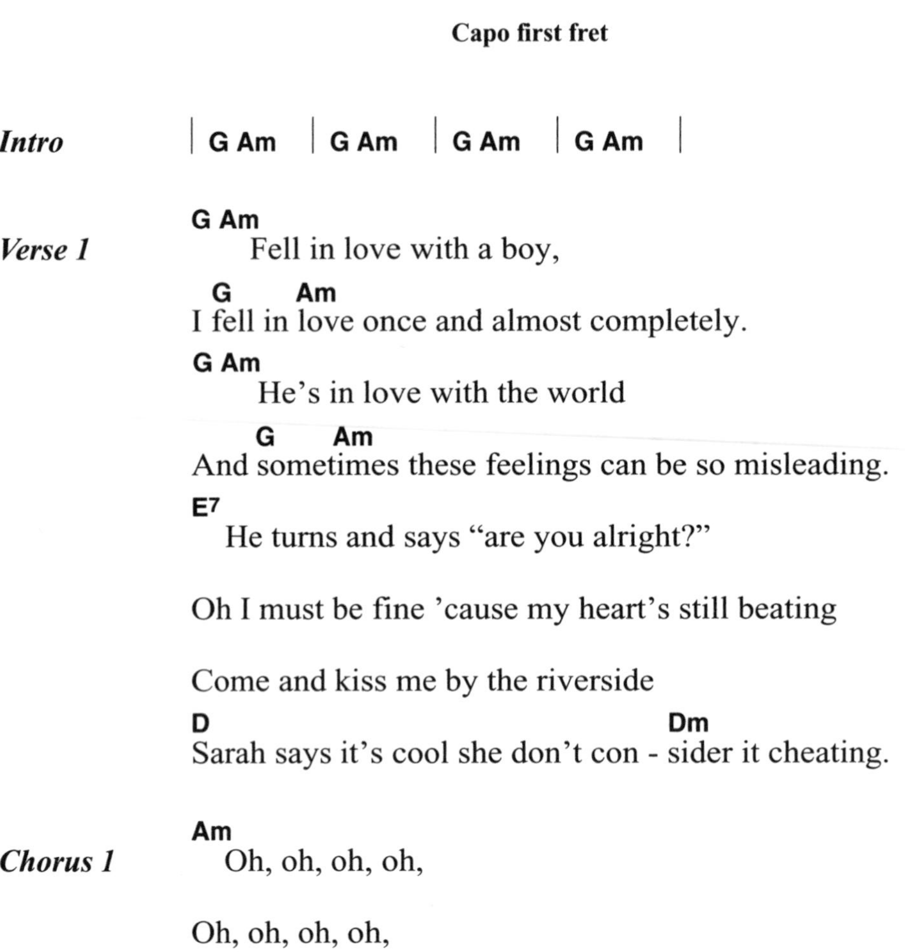

Capo first fret

Intro | G Am | G Am | G Am | G Am |

Verse 1

G Am
Fell in love with a boy,
G Am
I fell in love once and almost completely.
G Am
He's in love with the world
G Am
And sometimes these feelings can be so misleading.
E7
He turns and says "are you alright?"

Oh I must be fine 'cause my heart's still beating

Come and kiss me by the riverside
D Dm
Sarah says it's cool she don't con - sider it cheating.

Chorus 1

Am
Oh, oh, oh, oh,

Oh, oh, oh, oh,

Oh, oh, oh, oh,

Oh, oh, oh, oh.

```
            G  Am
Verse 2          Red hair with a curl

                     G    Am
            Mellow roll for the flavour and the eyes were peepin'

            G Am
                 Can't keep away from the boy

                     G      Am
            The two sides of my brain need to have a meeting.

            E7
               Can't think of anything to do

            My left brain knows all love is fleetin'

            He's still looking for something new

              D                      Dm
            I said it once before but it bears repeating.


Chorus 2    As Chorus 1


Interlude   | G Am | G Am | G Am | G Am |

            E7
              Can't think of anything to do,

            My left brain knows all love is fleetin'

            Is he looking for something new?

              D                      Dm
            I said it once before but it bears repeating


Chorus 3    As Chorus 1
```

Verse 3

Am
I fell in love with a boy

I fell in love once and almost completely

He's in love with the world

And sometimes these feelings can be so misleading.

E7
He turns and says "are you alright?"

Oh I must be fine 'cause my heart's still beating

Come and kiss me by the riverside

D **Dm**
Sarah says it's cool she don't con - sider it cheating.

Middle

E7
Don't go telling all my,

Don't go telling all my,

Don't go telling all my lies on Sarah.

Don't go telling all my,

Don't go telling all my,

D **Dm**
Don't go telling all my lies on Sarah.

Chorus 4

As Chorus 1

G Am
Oh, oh, oh, oh, oh.

N.C.
'Cause it bears repeating.

Tall Trees In Georgia

Words & Music by
Buffy Saint-Marie

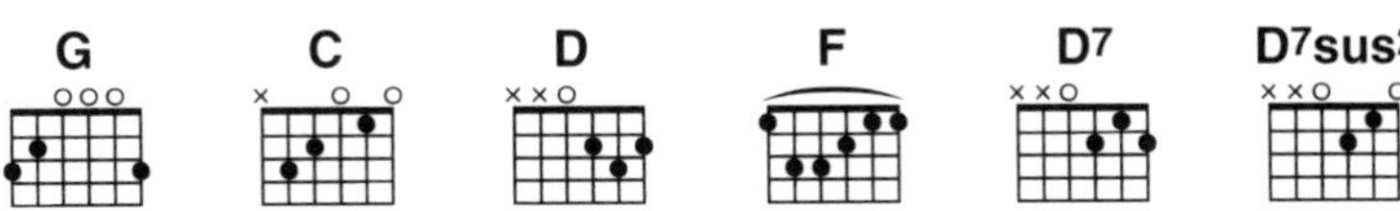

Capo fifth fret

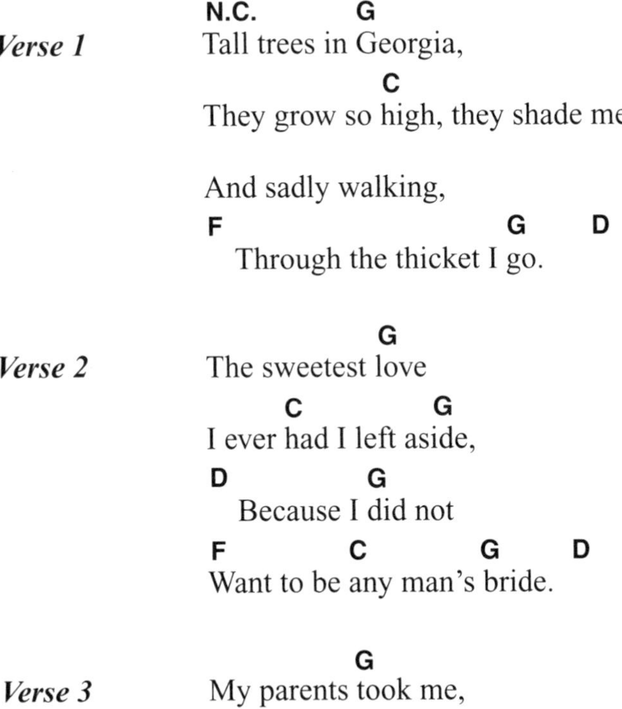

Verse 1

```
N.C.         G
Tall trees in Georgia,
              C                    G
They grow so high, they shade me so.

And sadly walking,
F                      G      D
   Through the thicket I go.
```

Verse 2

```
              G
The sweetest love
      C          G
I ever had I left aside,
D         G
  Because I did not
F         C         G      D
Want to be any man's bride.
```

Verse 3

```
            G
My parents took me,
     C           G
Wherever I travelled out.
D         G
  I travelled West,
    C                 D
And North and East and South.
```

Verse 4

```
                 G
When I grew older
      C                G
And married I would be.
D7               G
   I found my sweetheart
    F            C         D
He would not marry me.
```

Verse 5

```
               G
When I was younger,
              C                        G
The boys a-courting, they came around.
D                 G
   But now I'm older,
      F             C        D
And they're all settled down.
```

Verse 6

```
                    G
Young girls take warning,
                   C                         G
And don't complain and don't make moan.
D                  G
   For if you're fickle,
        F          C         D7
You'll soon be left alone.
```

Verse 7

```
              G
Control your mind, my girl,
    C                G
And give your heart to one.
D7               G
   For if you love all men,
     C                D7
You'll sure be left with none.
```

Verse 8

```
                     G
Hm,___ and if perfection
             C              G
Were to be found in mortal men,
D               G
   We'd soon grow tired
          F     C    D7    D7sus2
And go off alone again.
```

Verse 9

```
              G
Tall trees in Georgia,
                 C                   G
They grow so high they shade me so.
D           G
   And sadly walking,
F              C         G
   Through the thicket I'll go.
```

Hang On To A Dream

Words & Music by
Tim Hardin

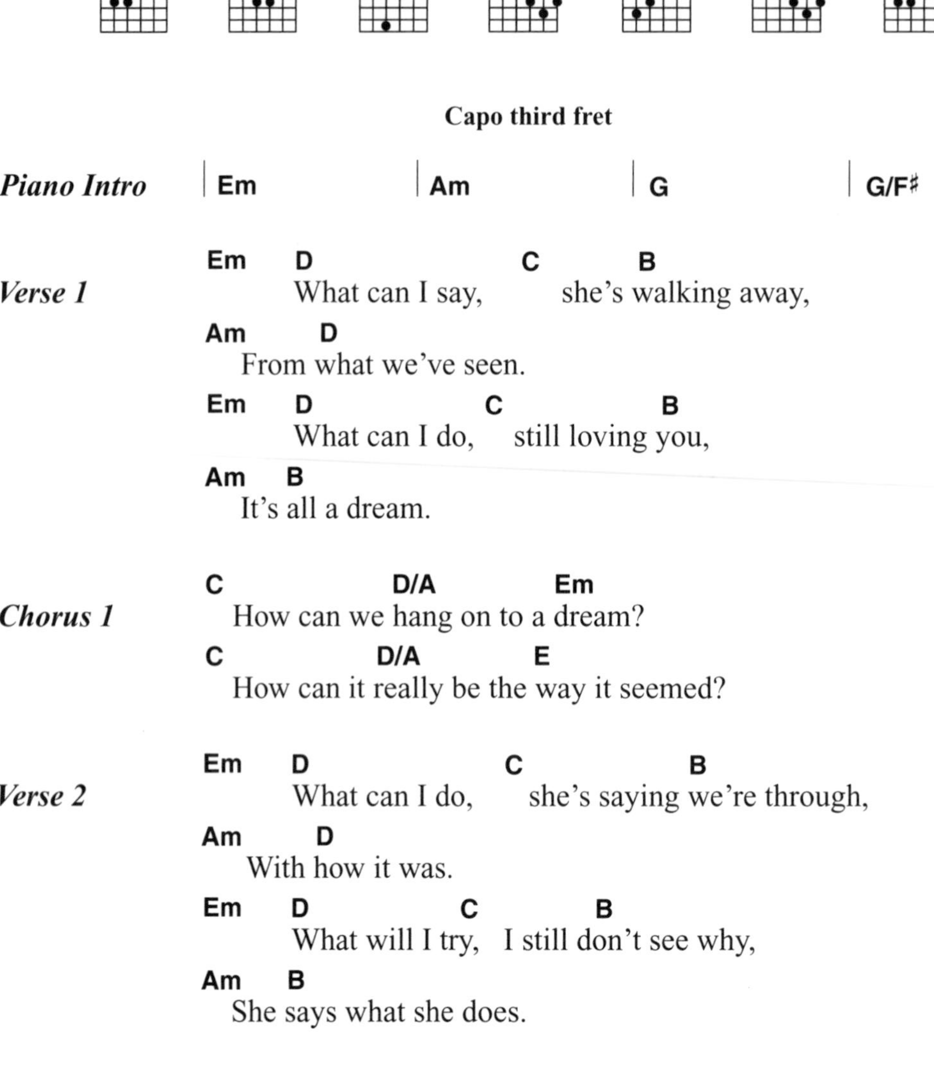

Capo third fret

Piano Intro | Em | Am | G | G/F♯ |

Verse 1

Em D C B
What can I say, she's walking away,
Am D
From what we've seen.
Em D C B
What can I do, still loving you,
Am B
It's all a dream.

Chorus 1

C D/A Em
How can we hang on to a dream?
C D/A E
How can it really be the way it seemed?

Verse 2

Em D C B
What can I do, she's saying we're through,
Am D
With how it was.
Em D C B
What will I try, I still don't see why,
Am B
She says what she does.

Chorus 2 As Chorus 1

nterlude | Em | D | C | B ‖

| Am | D | E | E ‖

erse 3 As Verse 1

horus 3

C D/A Em
How can we hang on to a dream?
C D/A E
How can it really be the way it seemed?
C D/A E
How can we hang on to a dream?

Misty Roses

Words & Music by
Tim Hardin

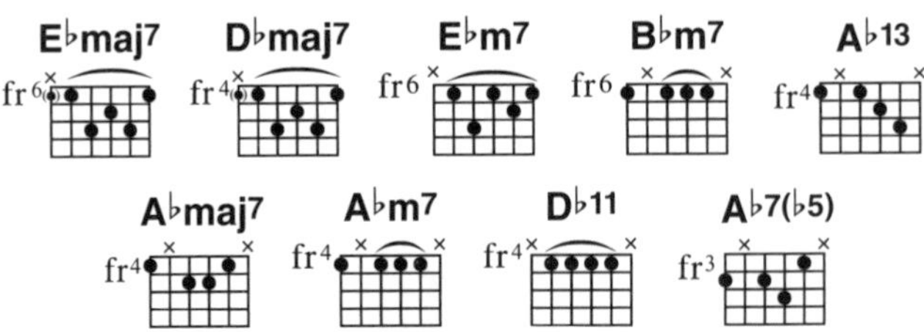

Intro | E♭maj7 | D♭maj7 | E♭maj7 | D♭maj7

Verse 1

E♭maj7 E♭m7 B♭m7 E♭m7 A♭13 E♭m7 A♭13
You look to me like misty roses,

A♭maj7
Too soft to touch

A♭m7 D♭11 A♭m7 E♭maj7
But too lovely to leave alone.

Verse 2

E♭maj7 E♭m7 B♭m7 E♭m7 A♭13 E♭m7 A♭13
If I could be like misty roses,

A♭maj7
I'd love you much

A♭m7 D♭11 A♭m7 E♭maj7 B♭m7 A♭7(♭5)
You're too lovely to leave alone.

Bridge 1

A♭maj7
Flowers often cry

A♭m7 D♭11 A♭m7
But too late to find

E♭maj7
That their beauty has been lost

E♭m7 A♭13 E♭m7 A♭13
With their peace of mind.

Verse 3

E♭maj7 E♭m7 B♭m7 E♭m7 A♭13 E♭m7 A♭13
You look to me like love forever

A♭maj7
Too good to last

A♭m7 D♭11 A♭m7 E♭maj7 B♭m7 A♭7(♭5)
But too lovely not to try.

Bridge 2 As Bridge 1

Verse 4

```
E♭maj7        E♭m7      B♭m7   E♭m7    A♭13   E♭m7   A♭13
    If I believed in love forever,
A♭maj7
    I'll forget the past,
A♭m7   D♭11            A♭m7          E♭maj7   B♭m7   A♭7(♭5)
          You're too lovely not to try.
```

Instrumental *(String Quartet Interlude)*

Verse 5 As Verse 1

Bridge 3 As Bridge 1

Verse 6 As Verse 4

Pink Moon

Words & Music by
Nick Drake

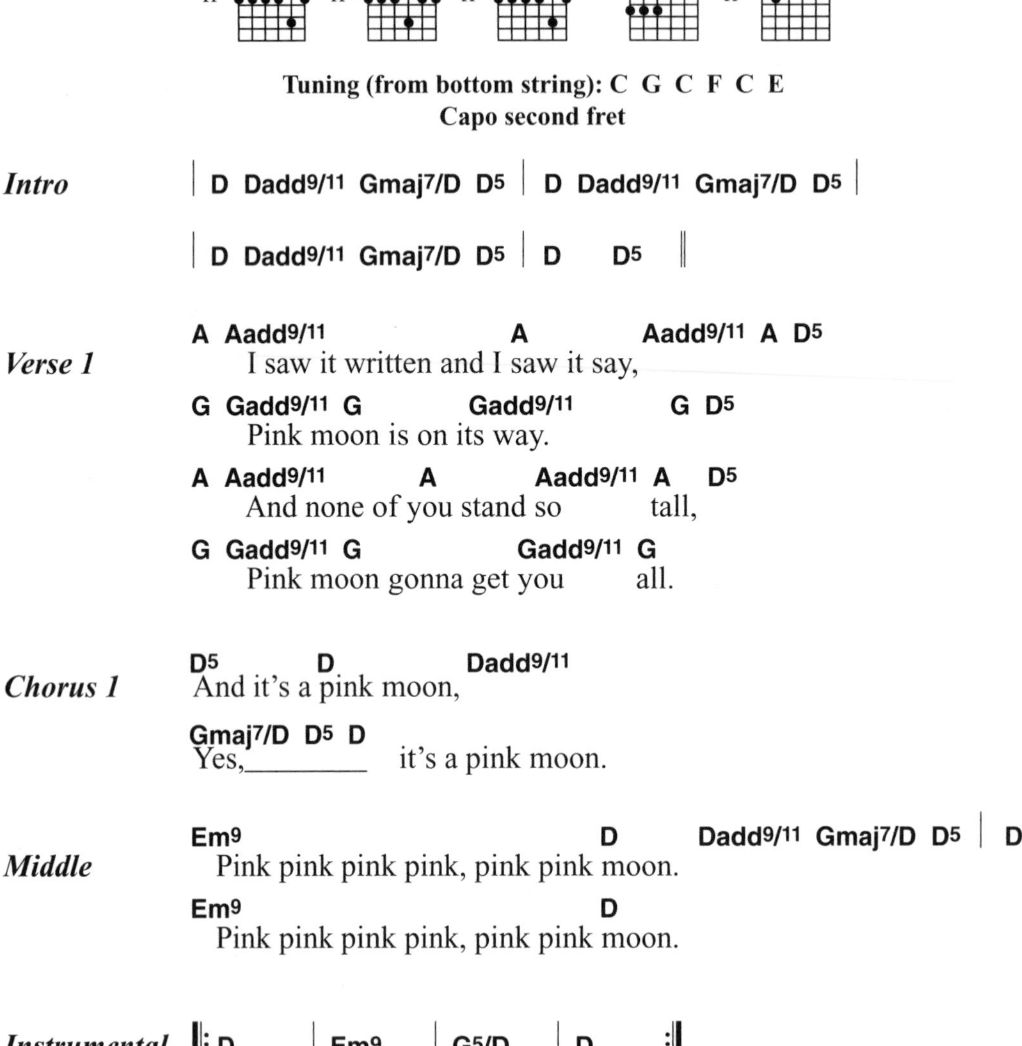

Tuning (from bottom string): C G C F C E
Capo second fret

Intro | D Dadd9/11 Gmaj7/D D5 | D Dadd9/11 Gmaj7/D D5 |
| D Dadd9/11 Gmaj7/D D5 | D D5 ||

Verse 1
A Aadd9/11 A Aadd9/11 A D5
I saw it written and I saw it say,
G Gadd9/11 G Gadd9/11 G D5
Pink moon is on its way.
A Aadd9/11 A Aadd9/11 A D5
And none of you stand so tall,
G Gadd9/11 G Gadd9/11 G
Pink moon gonna get you all.

Chorus 1
D5 D Dadd9/11
And it's a pink moon,
Gmaj7/D D5 D
Yes,________ it's a pink moon.

Middle
Em9 D Dadd9/11 Gmaj7/D D5 | D
Pink pink pink pink, pink pink moon.
Em9 D
Pink pink pink pink, pink pink moon.

Instrumental ||: D | Em9 | G5/D | D :||

Verse 2

```
A  Aadd9/11                 A          Aadd9/11  A  D5
    I saw it written and I saw it say,
G  Gadd9/11  G         Gadd9/11        G  D5
    Pink moon is on its way.
A  Aadd9/11         A        Aadd9/11  A   D5
    And none of you stand so          tall,
G  Gadd9/11  G              Gadd9/11  G
    Pink moon gonna get you        all.
```

Chorus 2

```
D5        D          Dadd9/11
And it's a pink moon,
Gmaj7/D  D5  D                     Dadd9/11  Gmaj7/D  D5
Yes,________   it's a pink moon.
```

Outro

```
| D  Dadd9/11  Gmaj7/D  D5 | D        ||
```

Black Waterside

Traditional
Arranged by Bert Jansch

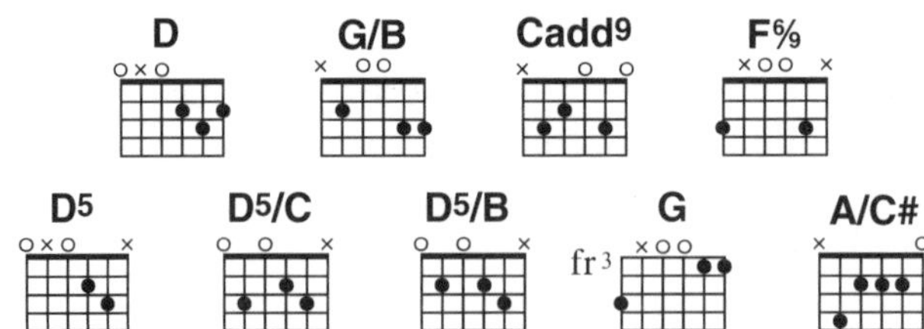

Tune guitar ⑥ = D Capo fourth fret
(Original tuning: D A D G A D, capo fourth fret)

Intro

| D | G/B D | Cadd9 G/B F6/9 | D
| D5 D5/C D5/B F6/9 | D5 D5/C D5/B F6/9

Verse 1

D
One mornin' fair, I took the air,
Cadd9 G/B Cadd9 D
Down by Black Water - side.
D G D G D
'Twas in gazing all, all around me,
G/B D5 D5/C D5/B F6/9
The Irish lad I spied.

Link 1

| D5 D5/C D5/B F6/9 | D5 D5/C D5/B F6/9

Verse 2

D
All through the first part of the night,
Cadd9 G/B Cadd9 D
We lay in sport and play.
D G/B D G D
'Til this young man arose and he gathered his clothes,
G D5 D5/C D5/B F6/9
Saying, "Fare thee well today."

Link 2

| D5 D5/C D5/B F6/9 | D5 D5/C D5/B F6/9

Solo

| D | G/B D | Cadd9 G/B F6/9 | D
| D5 D5/C D5/B F6/9 | D5 D5/C D5/B F6/9

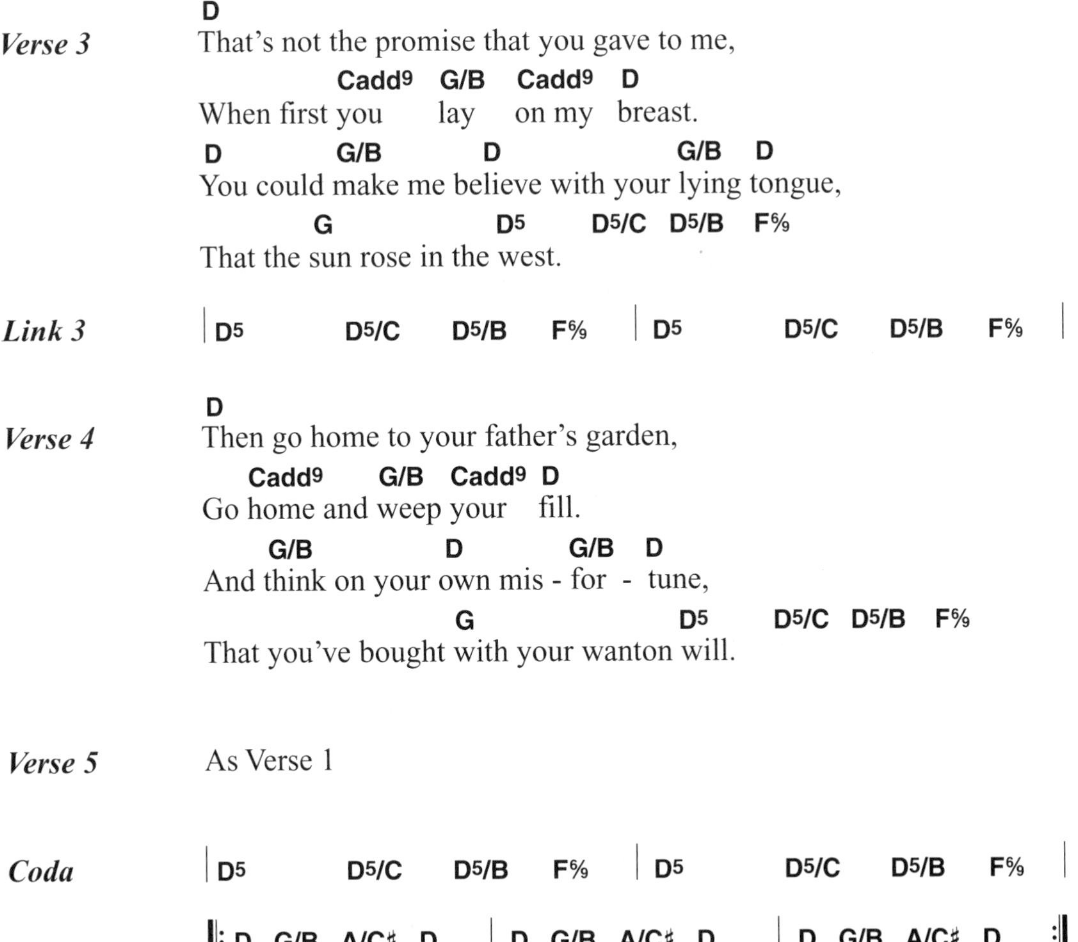
Verse 3
D
That's not the promise that you gave to me,
Cadd9 G/B Cadd9 D
When first you lay on my breast.
D G/B D G/B D
You could make me believe with your lying tongue,
G D5 D5/C D5/B F6/9
That the sun rose in the west.
Link 3
| D5 D5/C D5/B F6/9 | D5 D5/C D5/B F6/9 |
Verse 4
D
Then go home to your father's garden,
Cadd9 G/B Cadd9 D
Go home and weep your fill.
G/B D G/B D
And think on your own mis - for - tune,
G D5 D5/C D5/B F6/9
That you've bought with your wanton will.
Verse 5
As Verse 1
Coda
| D5 D5/C D5/B F6/9 | D5 D5/C D5/B F6/9 |
|: D G/B A/C♯ D | D G/B A/C♯ D | D G/B A/C♯ D :|

Angi

Words & Music by
Davey Graham

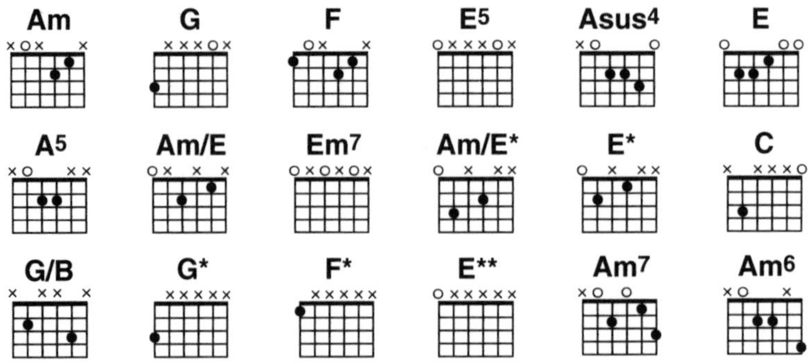

Am G F E5 Asus4 E
A5 Am/E Em7 Am/E* E* C
G/B G* F* E** Am7 Am6

Capo third fret, tune guitar slightly flat

"A"	𝄆 Am G	F E5	Am G	F E5 𝄇
"B"	𝄆 Asus4 Am	Asus4	Asus4 Am	E A5 𝄇
"A2"	Am G	F E5	Am G	F E5
	Am G	F E5	N.C.	E Am ‖
"C"	Am/E Em7 Am/E* E*	E*		
	Am/E Em7 Am/E* E*	E*		
	Am/E Em7 Am/E* E*	E*		
	C G/B Am F E	Am G* F* E** ‖		

"A3"	Reprise "A"
"B2"	Reprise "B"
"A4"	Reprise "A"
"C"	Reprise "C"
"A5"	Reprise "A"
"B3"	Reprise "B"
"A6"	Reprise "A"
Coda	| **Am7** **Am6** ||

Blues Run The Game

Words & Music by
Jackson Frank

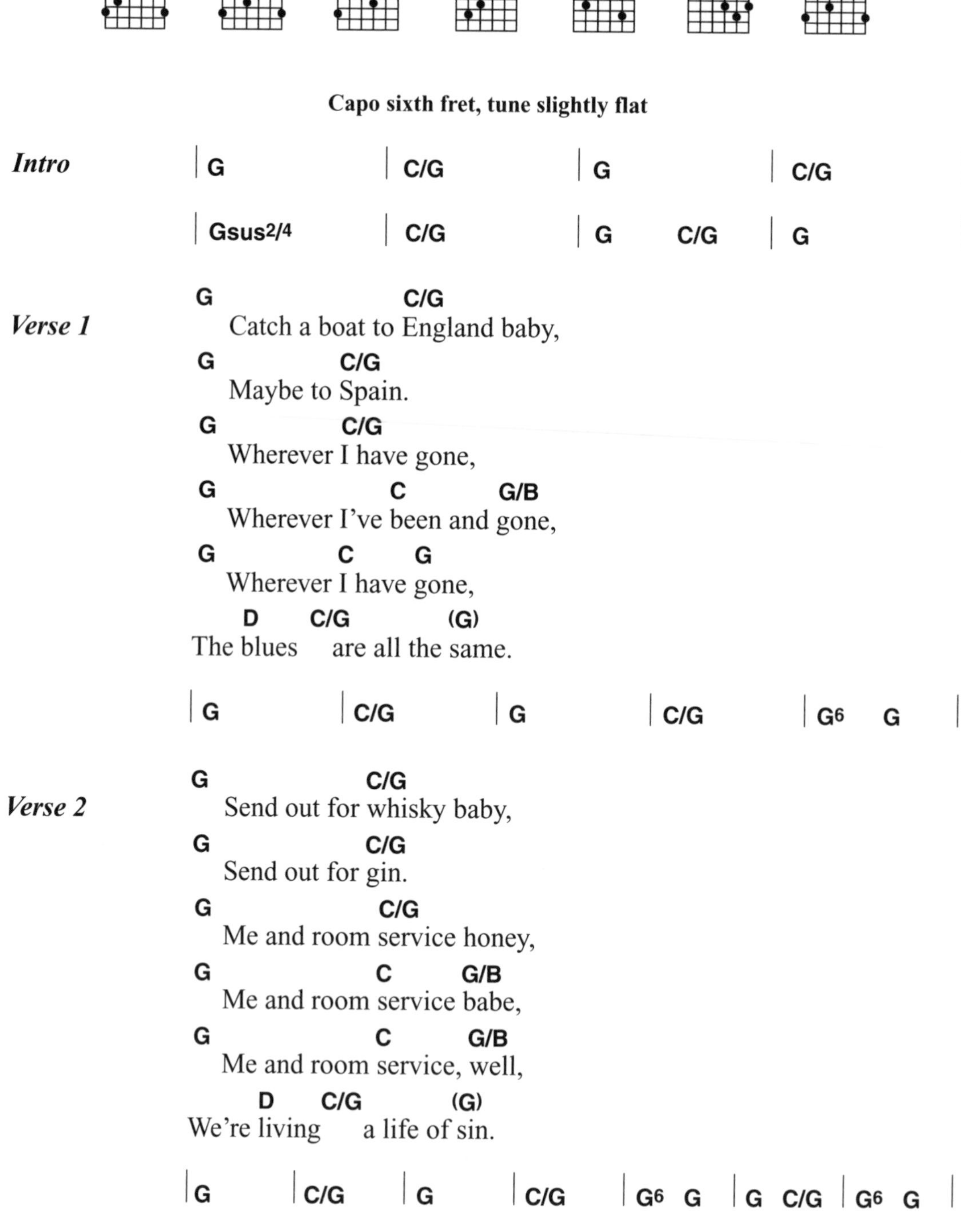
G C/G Gsus2/4 C G/B D G6
Capo sixth fret, tune slightly flat
Intro
| G | C/G | G | C/G |
| Gsus2/4 | C/G | G C/G | G |
Verse 1
G C/G
Catch a boat to England baby,
G C/G
Maybe to Spain.
G C/G
Wherever I have gone,
G C G/B
Wherever I've been and gone,
G C G
Wherever I have gone,
D C/G (G)
The blues are all the same.
| G | C/G | G | C/G | G6 G |
Verse 2
G C/G
Send out for whisky baby,
G C/G
Send out for gin.
G C/G
Me and room service honey,
G C G/B
Me and room service babe,
G C G/B
Me and room service, well,
D C/G (G)
We're living a life of sin.
| G | C/G | G | C/G | G6 G | G C/G | G6 G |

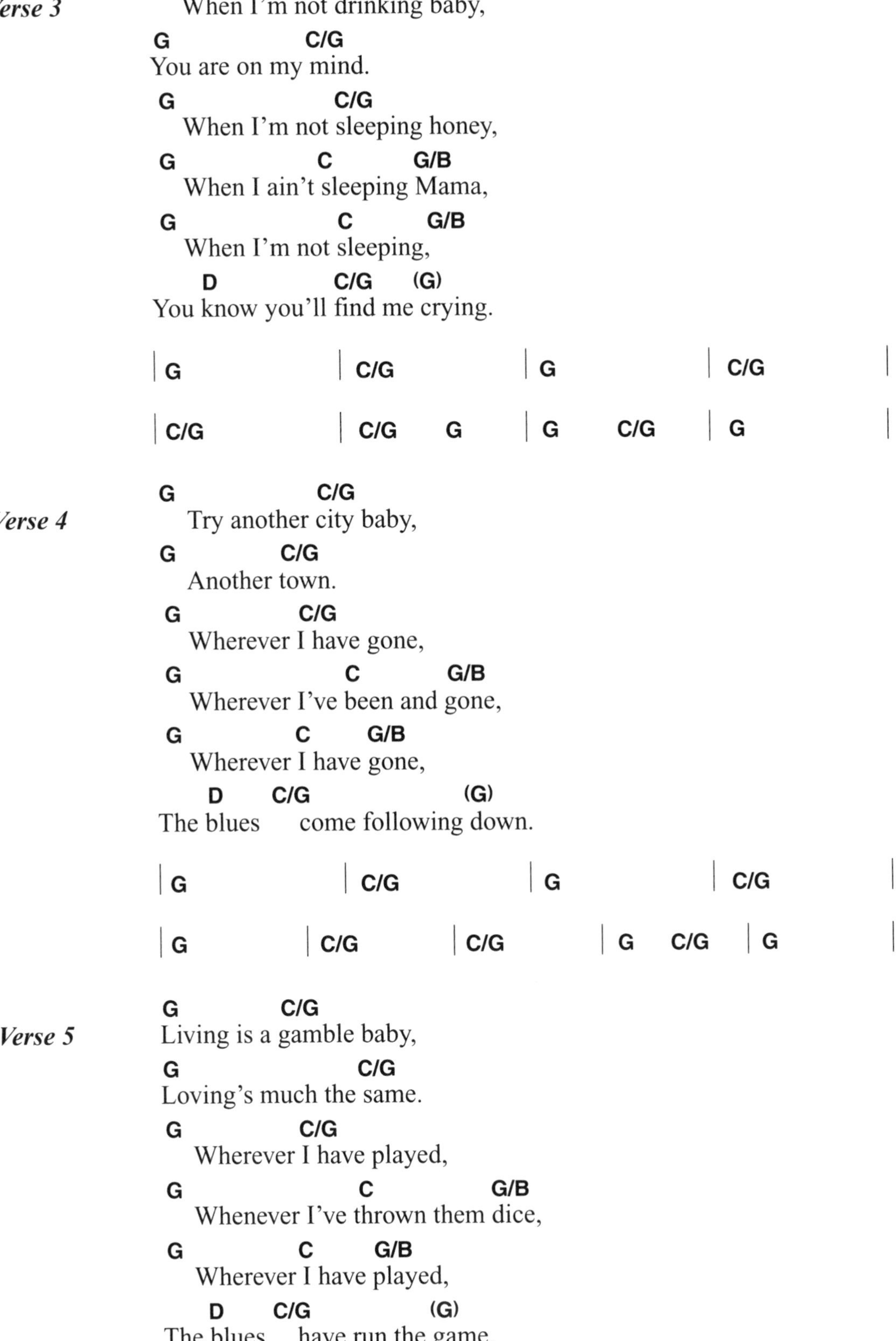
Verse 3
G C/G
When I'm not drinking baby,
G C/G
You are on my mind.
G C/G
When I'm not sleeping honey,
G C G/B
When I ain't sleeping Mama,
G C G/B
When I'm not sleeping,
D C/G (G)
You know you'll find me crying.
| G | C/G | G | C/G |
| C/G | C/G G | G C/G | G |
Verse 4
G C/G
Try another city baby,
G C/G
Another town.
G C/G
Wherever I have gone,
G C G/B
Wherever I've been and gone,
G C G/B
Wherever I have gone,
D C/G (G)
The blues come following down.
| G | C/G | G | C/G |
| G | C/G | C/G | G C/G | G |
Verse 5
G C/G
Living is a gamble baby,
G C/G
Loving's much the same.
G C/G
Wherever I have played,
G C G/B
Whenever I've thrown them dice,
G C G/B
Wherever I have played,
D C/G (G)
The blues have run the game.

```
cont.     | G         | C/G       | G         | C/G       | G6    G   |

          G            C/G
Verse 6     Maybe tomorrow honey,
          G                      C/G
          Some place down the line.
          G               C/G
             I'll wake up older,
          G            C      G/B
             So much older Mama,
          G               C      G/B
             I'll wake up older,
                    D         C/G    (G)
          And I'll just stop all my trying.

          | G         | C/G       | G         | C/G       |

          | G6    G   | G    C/G  | C/G   G   | G     C/G |

          G                  C/G
Verse 7      Catch a boat to England baby,
          G              C/G
             Maybe to Spain.
          G              C/G
             Wherever I have gone,
          G                  C          G/B
             Wherever I've been and gone,
          G              C       G
             Wherever I have gone,
               D      C/G            (G)
          The blues      are all the same.

          | G         | C/G       | G         | C/G       |

          | G         | C/G       | G    C/G  | Gsus2/4   |

          | Gsus2/4 G | G    C/G  | C/G       | G     C/G |
            𝄐
          | G         ‖
```

Don't Think Twice, It's All Right

Words & Music by
Bob Dylan

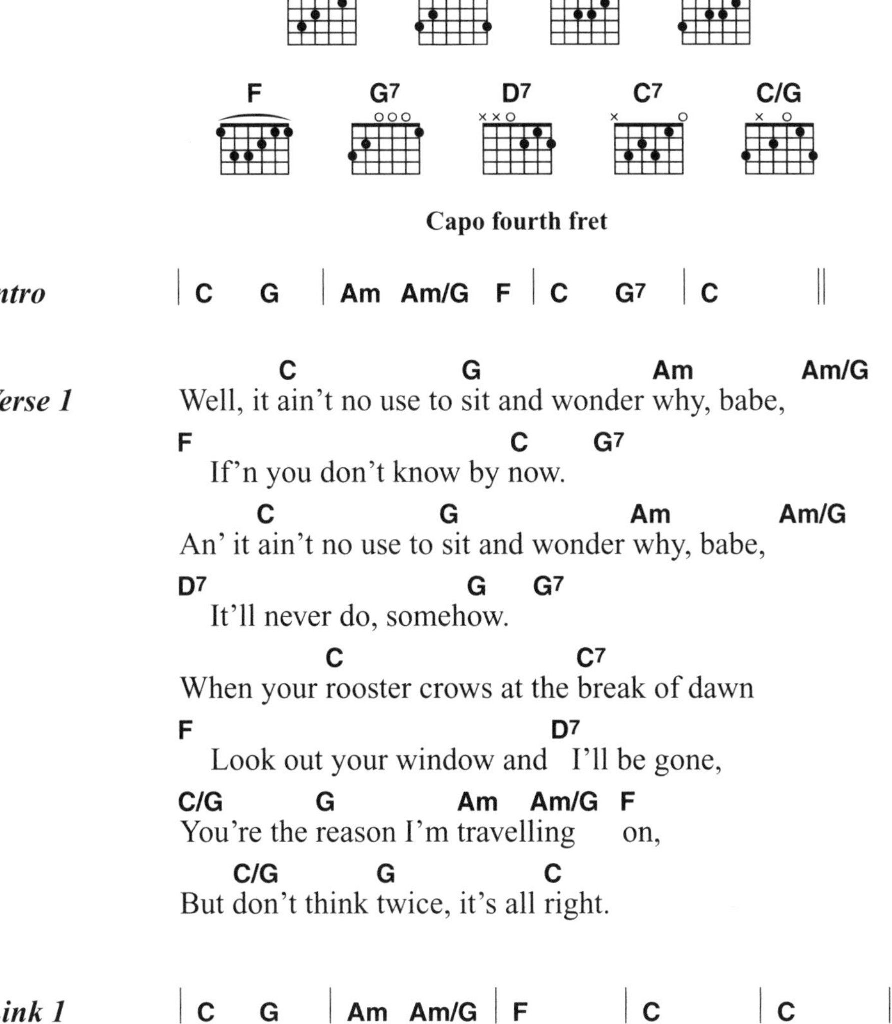

Capo fourth fret

Intro | C G | Am Am/G F | C G7 | C ||

Verse 1

```
            C                G                 Am            Am/G
Well, it ain't no use to sit and wonder why, babe,
F                                      C          G7
   If'n you don't know by now.
          C                G                 Am            Am/G
An' it ain't no use to sit and wonder why, babe,
D7                             G      G7
   It'll never do, somehow.
                C                        C7
When your rooster crows at the break of dawn
F                                    D7
   Look out your window and  I'll be gone,
C/G             G               Am     Am/G   F
You're the reason I'm travelling       on,
       C/G          G             C
But don't think twice, it's all right.
```

Link 1 | C G | Am Am/G | F | C | C ||

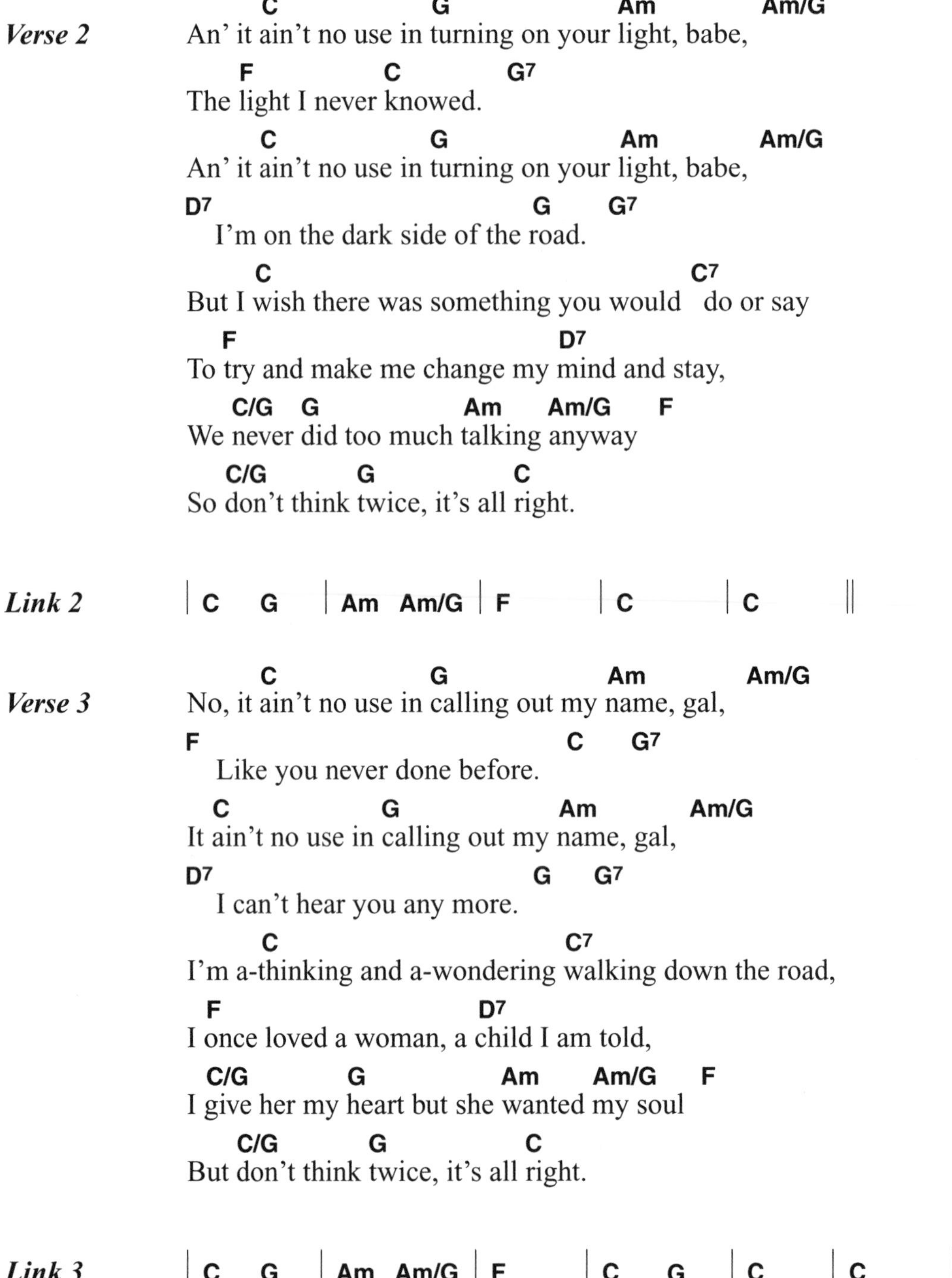

Verse 2

C G Am Am/G
An' it ain't no use in turning on your light, babe,
F C G7
The light I never knowed.
C G Am Am/G
An' it ain't no use in turning on your light, babe,
D7 G G7
I'm on the dark side of the road.
C C7
But I wish there was something you would do or say
F D7
To try and make me change my mind and stay,
C/G G Am Am/G F
We never did too much talking anyway
C/G G C
So don't think twice, it's all right.

Link 2

| C G | Am Am/G | F | C | C ||

Verse 3

C G Am Am/G
No, it ain't no use in calling out my name, gal,
F C G7
Like you never done before.
C G Am Am/G
It ain't no use in calling out my name, gal,
D7 G G7
I can't hear you any more.
C C7
I'm a-thinking and a-wondering walking down the road,
F D7
I once loved a woman, a child I am told,
C/G G Am Am/G F
I give her my heart but she wanted my soul
C/G G C
But don't think twice, it's all right.

Link 3

| C G | Am Am/G | F | C G | C | C ||

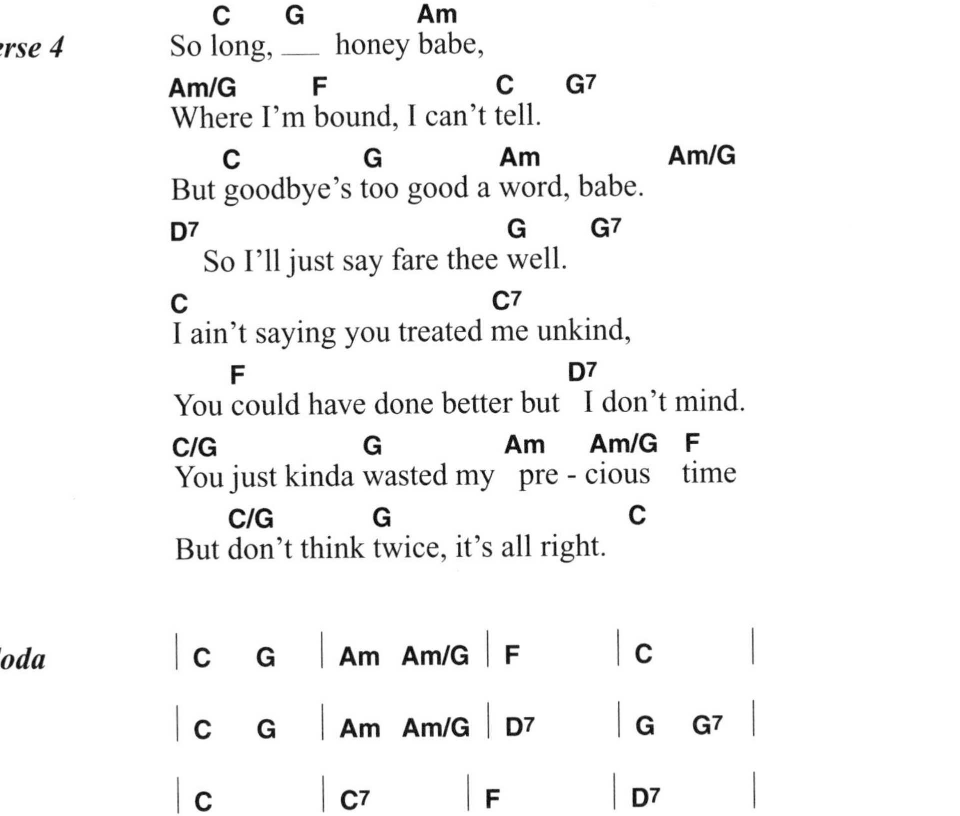

Verse 4

```
   C      G             Am
So long, __ honey babe,
Am/G        F                 C      G7
Where I'm bound, I can't tell.
    C            G           Am            Am/G
But goodbye's too good a word, babe.
D7                             G      G7
   So I'll just say fare thee well.
C                            C7
I ain't saying you treated me unkind,
     F                           D7
You could have done better but  I don't mind.
C/G             G           Am     Am/G  F
You just kinda wasted my  pre - cious  time
     C/G       G                    C
But don't think twice, it's all right.
```

Coda

```
| C    G    | Am   Am/G | F         | C         |
| C    G    | Am   Am/G | D7        | G    G7   |
| C         | C7        | F         | D7        |
| C/G  G    | Am  Am/G  F | C    G  | C    F  | C     ||
```

Streets Of London

Words & Music by
Ralph McTell

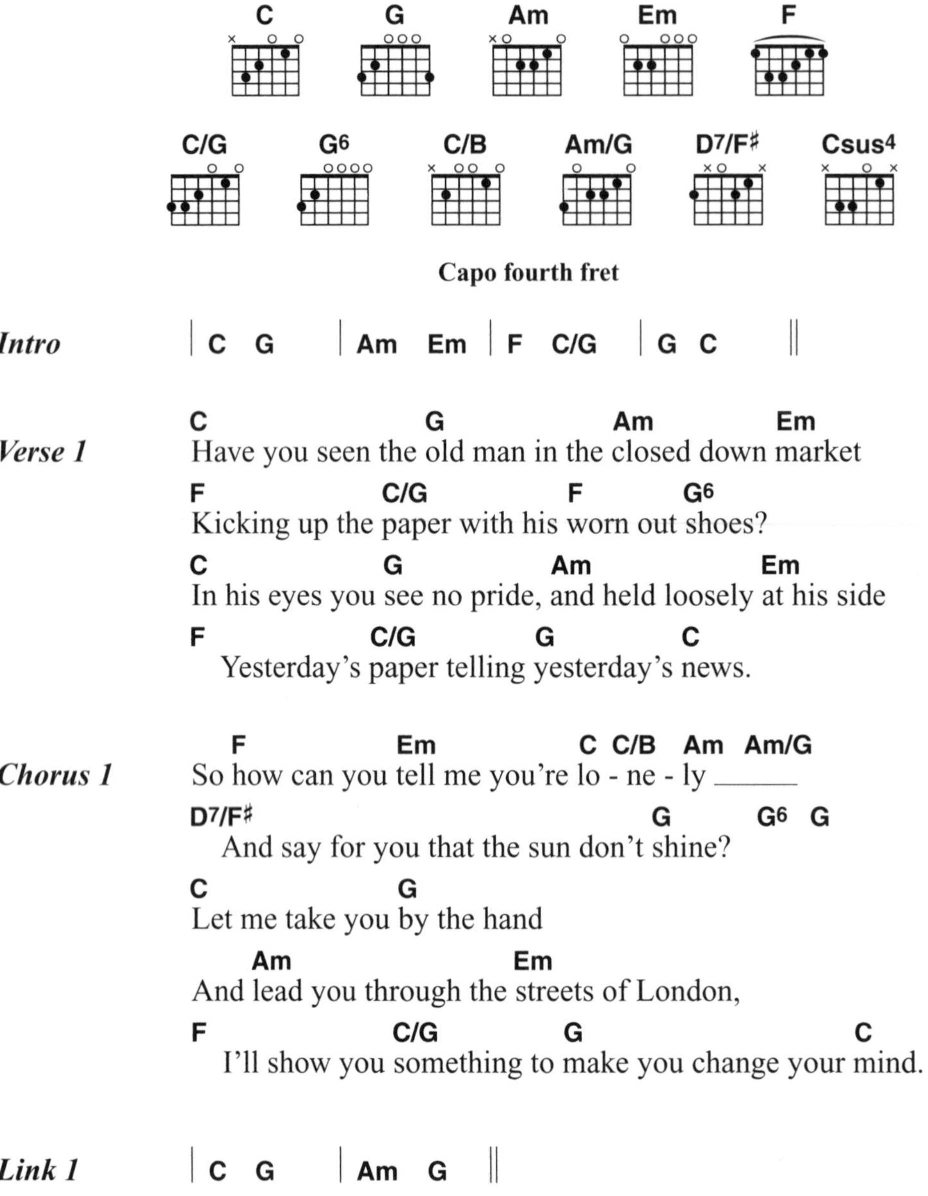

Capo fourth fret

Intro | C G | Am Em | F C/G | G C ||

Verse 1

C G Am Em
Have you seen the old man in the closed down market
F C/G F G6
Kicking up the paper with his worn out shoes?
C G Am Em
In his eyes you see no pride, and held loosely at his side
F C/G G C
Yesterday's paper telling yesterday's news.

Chorus 1

F Em C C/B Am Am/G
So how can you tell me you're lo - ne - ly ______
D7/F♯ G G6 G
And say for you that the sun don't shine?
C G
Let me take you by the hand
Am Em
And lead you through the streets of London,
F C/G G C
I'll show you something to make you change your mind.

Link 1 | C G | Am G ||

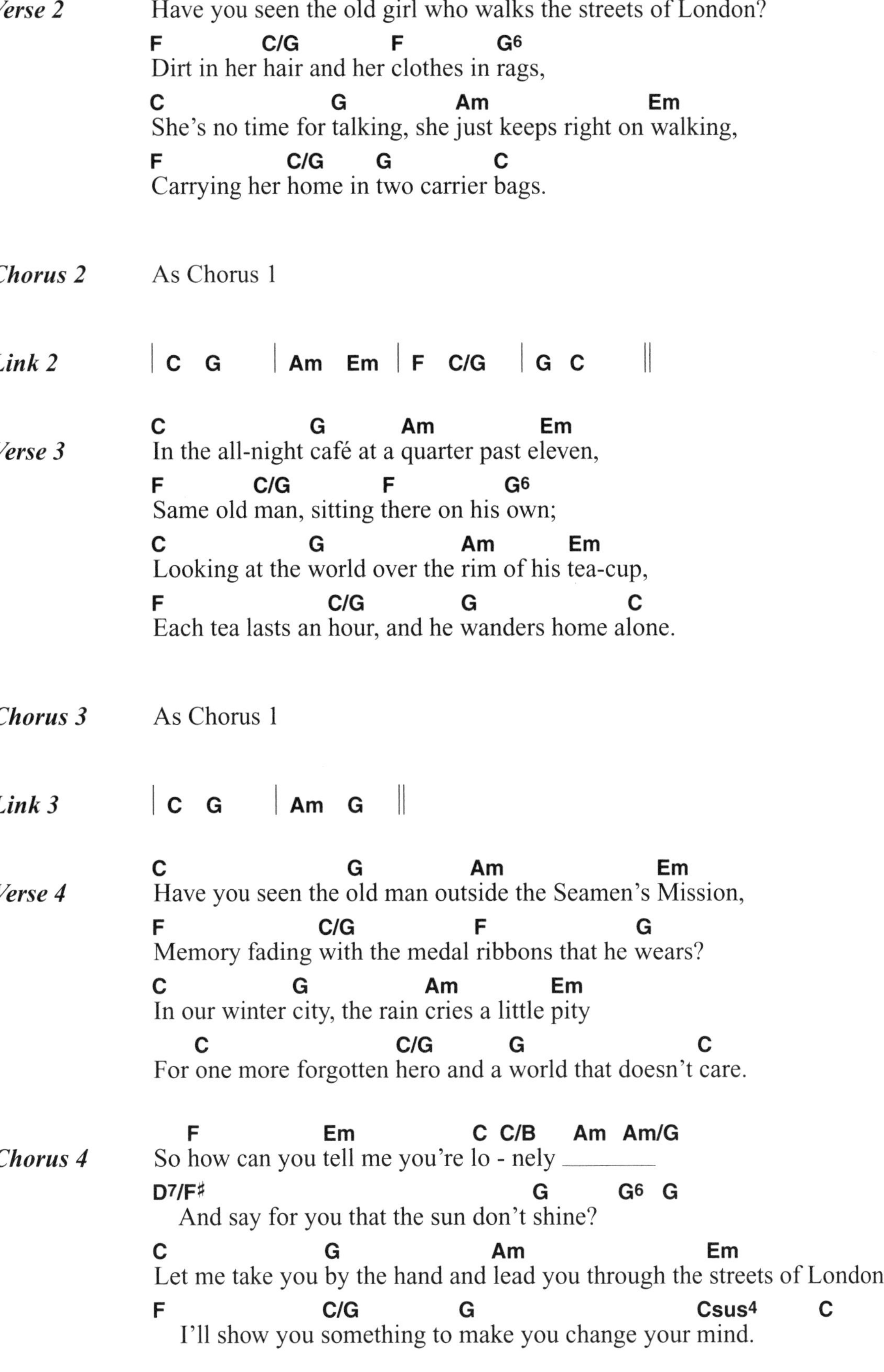

Verse 2

C G Am Em
Have you seen the old girl who walks the streets of London?
F C/G F G6
Dirt in her hair and her clothes in rags,
C G Am Em
She's no time for talking, she just keeps right on walking,
F C/G G C
Carrying her home in two carrier bags.

Chorus 2

As Chorus 1

Link 2

| C G | Am Em | F C/G | G C ||

Verse 3

C G Am Em
In the all-night café at a quarter past eleven,
F C/G F G6
Same old man, sitting there on his own;
C G Am Em
Looking at the world over the rim of his tea-cup,
F C/G G C
Each tea lasts an hour, and he wanders home alone.

Chorus 3

As Chorus 1

Link 3

| C G | Am G ||

Verse 4

C G Am Em
Have you seen the old man outside the Seamen's Mission,
F C/G F G
Memory fading with the medal ribbons that he wears?
C G Am Em
In our winter city, the rain cries a little pity
C C/G G C
For one more forgotten hero and a world that doesn't care.

Chorus 4

F Em C C/B Am Am/G
So how can you tell me you're lo - nely ________
D7/F♯ G G6 G
And say for you that the sun don't shine?
C G Am Em
Let me take you by the hand and lead you through the streets of London
F C/G G Csus4 C
I'll show you something to make you change your mind.

The Dolphins

Words & Music by
Fred Neil

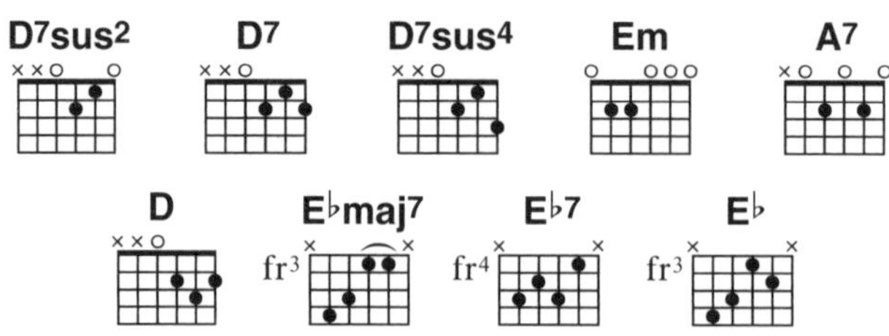

Intro 3/4 | D7sus2 | D7sus2 | D7 | D7sus4 D7 |

| D7sus2 | D7sus2 | D7 | D7sus4 D7 |

Verse 1

D7sus2 D7 D7sus4 D7
This old world may never change
Em A7
The way it's been,
D7sus2 D7 D7sus4 D7
And all the ways of war
Em A7
Can't change it back again.

Chorus 1

Em A7 D D7
I've been searching for the dolphins in the sea,________
Em A7 D7sus2 D7 D7sus4 D7
And sometimes I wonder, do you ever think of me?

Instrumental | D7sus2 | D7sus2 | D7 | D7sus4 D7 |

Verse 2

D7sus2 D7 D7sus4 D7
I'm not the one to tell this world
Em A7
How to get along,
D7sus2 D7 D7sus4 D7
I only know that peace will come
Em A7
When all hate is gone.

Chorus 2 As Chorus 1

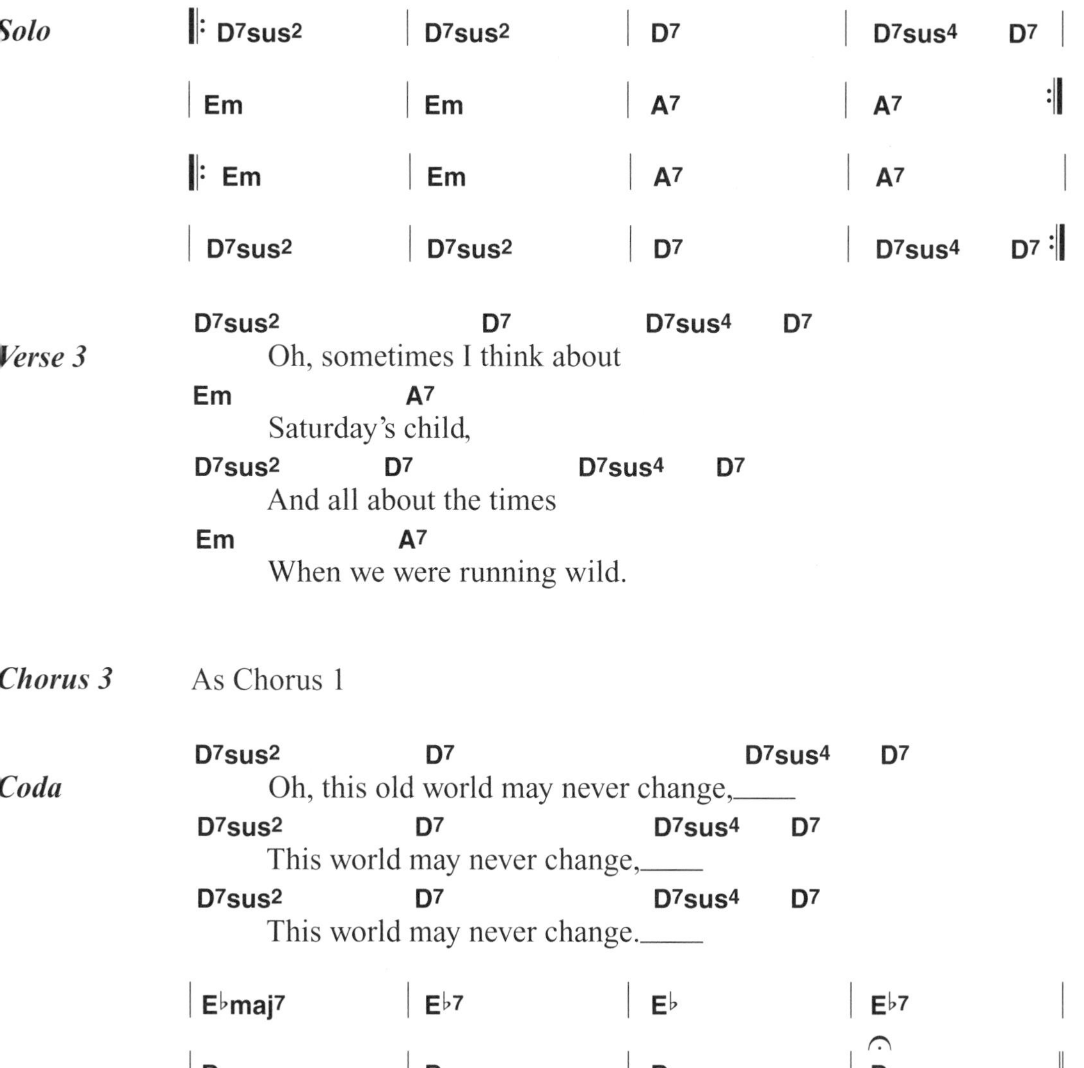
Solo
D7sus2 | D7sus2 | D7 | D7sus4 D7
Em | Em | A7 | A7
Em | Em | A7 | A7
D7sus2 | D7sus2 | D7 | D7sus4 D7
Verse 3
D7sus2 D7 D7sus4 D7
Oh, sometimes I think about
Em A7
Saturday's child,
D7sus2 D7 D7sus4 D7
And all about the times
Em A7
When we were running wild.
Chorus 3
As Chorus 1
Coda
D7sus2 D7 D7sus4 D7
Oh, this old world may never change,
D7sus2 D7 D7sus4 D7
This world may never change,
D7sus2 D7 D7sus4 D7
This world may never change.
E♭maj7 | E♭7 | E♭ | E♭7
D | D | D | D

Babe, I'm Gonna Leave You

Words & Music by Anne Bredon
Arranged by Jimmy Page & Robert Plant

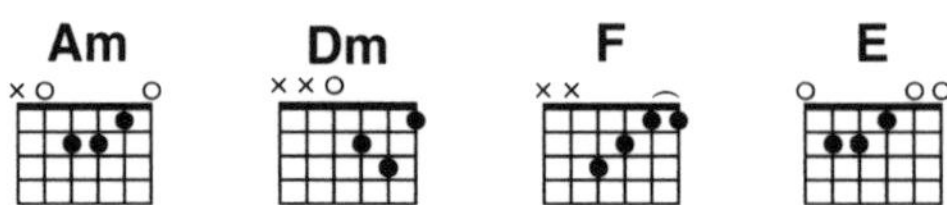

Capo first fret

Intro 6/8 | Am | Dm | Am | Dm | Am | Dm

```
           Am        Dm    Am
Verse 1    Babe,____________ I'm gonna leave you,

           Tell you when I'm gonna leave you.
           F
           Leave you when ol' summertime,
           E                  Am
             Summer comes a-rollin'
           F                E                 Am | Dm     | Am     | Dm
           Leave you when ol' summer comes along.

           Am        Dm                   Am
Verse 2    Babe,________ that highway's a-calling

           That ol' highway's a-calling
           F
             Callin' me to travel on,
           E               Am
             Travel on out westward
           F              E          Am | Dm     | Am     | Dm     |
             Callin' me to travel on along.
```

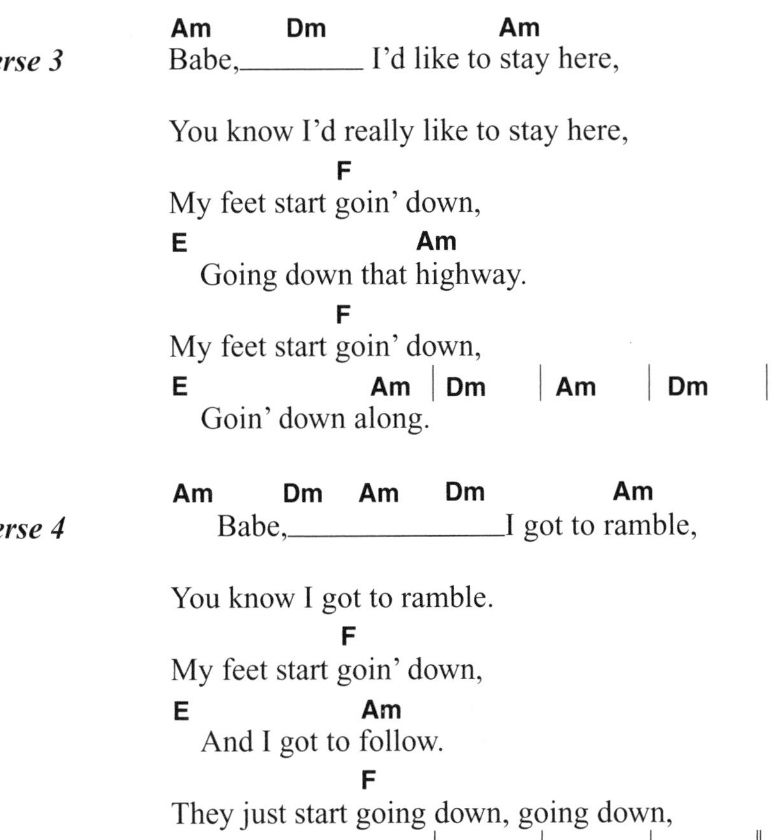

Verse 3

Am Dm Am
Babe,________ I'd like to stay here,

You know I'd really like to stay here,

F
My feet start goin' down,

E Am
Going down that highway.

F
My feet start goin' down,

E Am | Dm | Am | Dm |
Goin' down along.

Verse 4

Am Dm Am Dm Am
Babe,______________I got to ramble,

You know I got to ramble.

F
My feet start goin' down,

E Am
And I got to follow.

F
They just start going down, going down,

E Am | Dm | Am | Dm ||
And I got to go. *fade*

Light Flight

Words & Music by
John Renbourn, Bert Jansch, Danny Thompson,
Terry Cox & Jacqui McShee

Cm9 B♭7 F7 C5 (fr3) B♭5 F Gm (fr3)

Dm C B♭ Cm7 (fr3) Gm7 (fr3) Dm7

Intro
Cm9	B♭7	F7	Cm9
Cm9	B♭7	F7	Cm9
C5 B♭5	C5 B♭5 F	C5 B♭5	C5 B♭5 F

Verse 1
C5 B♭5 C5 B♭5 F
Let's get away, you say, find a better place,
C5 B♭5 C5 B♭5 F
Miles and miles away from the city's race.
Gm Dm Gm Dm
Look around for someone lying in the sunshine,
C Dm C Dm C B♭
Marking time, hear the sighs, close your eyes.

Chorus 1
C5 B♭5
Ba - da - pa do da
C5 B♭5 F
Da - da - pa do da dow.__

| C B♭ | C B♭ F |

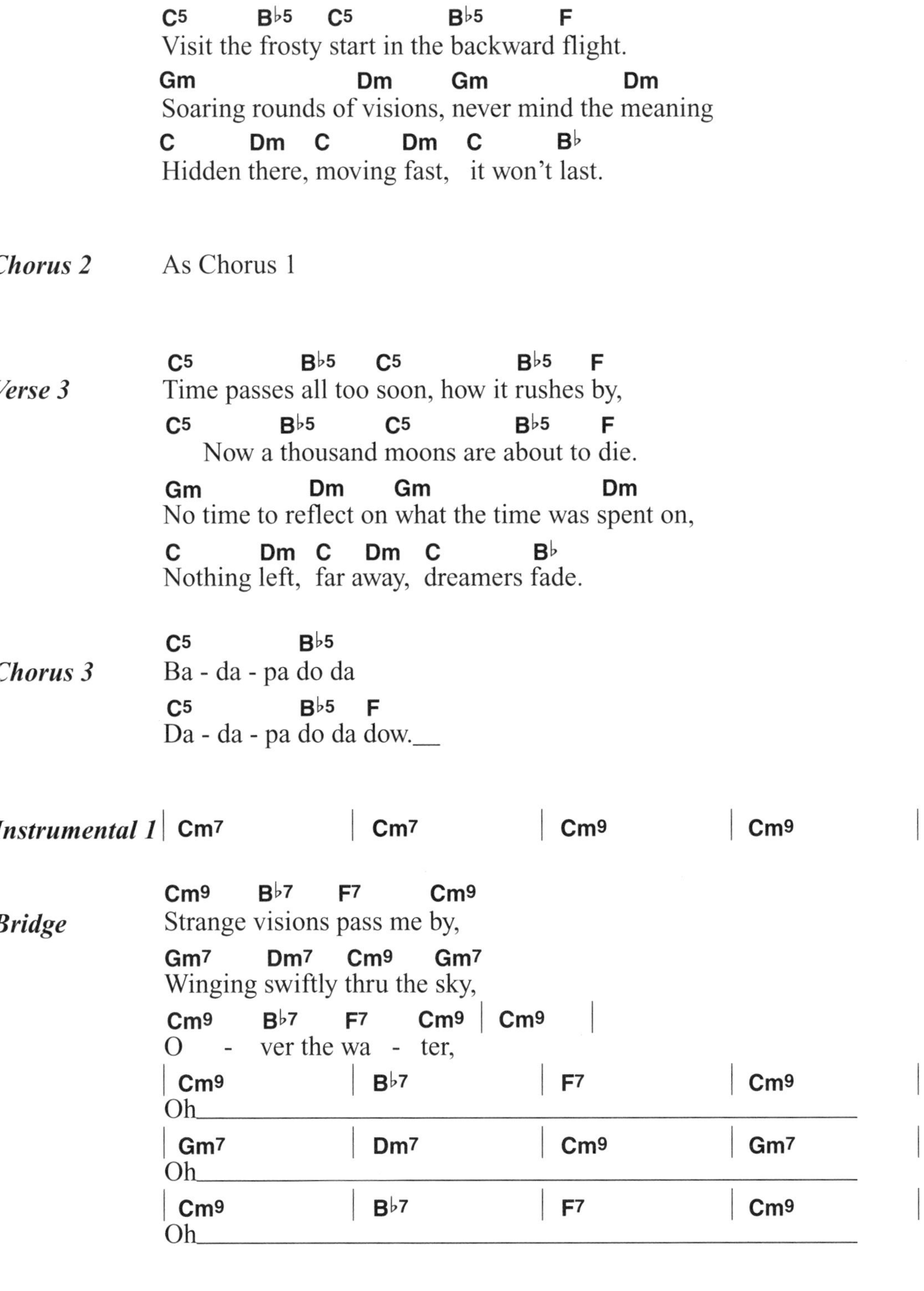

Verse 2

C5 B♭5 C5 B♭5 F
Stepping from cloud to cloud crossing years of light,
C5 B♭5 C5 B♭5 F
Visit the frosty start in the backward flight.
Gm Dm Gm Dm
Soaring rounds of visions, never mind the meaning
C Dm C Dm C B♭
Hidden there, moving fast, it won't last.

Chorus 2

As Chorus 1

Verse 3

C5 B♭5 C5 B♭5 F
Time passes all too soon, how it rushes by,
C5 B♭5 C5 B♭5 F
Now a thousand moons are about to die.
Gm Dm Gm Dm
No time to reflect on what the time was spent on,
C Dm C Dm C B♭
Nothing left, far away, dreamers fade.

Chorus 3

C5 B♭5
Ba - da - pa do da
C5 B♭5 F
Da - da - pa do da dow.__

Instrumental 1 | Cm7 | Cm7 | Cm9 | Cm9 |

Bridge

Cm9 B♭7 F7 Cm9
Strange visions pass me by,
Gm7 Dm7 Cm9 Gm7
Winging swiftly thru the sky,
Cm9 B♭7 F7 Cm9 | Cm9 |
O - ver the wa - ter,
| Cm9 | B♭7 | F7 | Cm9 |
Oh________________________________
| Gm7 | Dm7 | Cm9 | Gm7 |
Oh________________________________
| Cm9 | B♭7 | F7 | Cm9 |
Oh________________________________

Instrumental 2 | C5 B♭5 | C5 B♭5 F |

Verse 4

```
C               B♭     C        B♭        F
Swirling, the waters rise up above my head,
C               B♭     C                B♭       F
Gone are the curling mists how they all have fled.
Gm                  Dm    Gm           Dm      C      Dm
Look, the door is open, step into the space provided there,
C      Dm C     B♭
Da do da,  da do dow.
```

Chorus 4 As Chorus 1

Coda | Cm7 | Cm9 | Cm9 | Cm9 | Cm9

Heartsong

Words & Music by
Gordon Giltrap

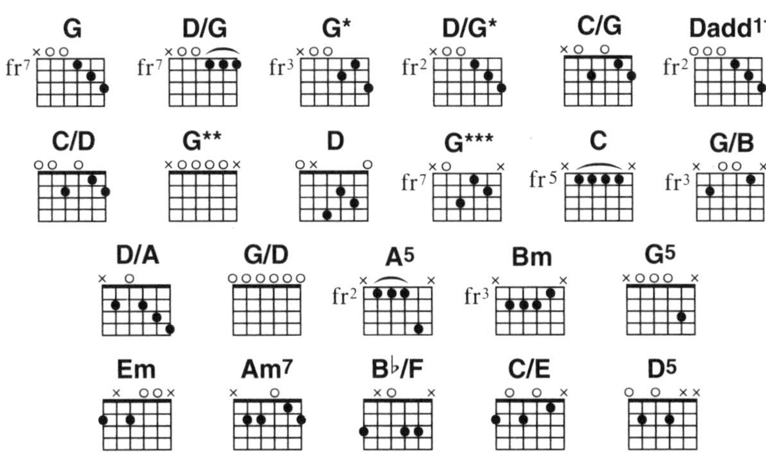

Tuning: D G D G B D
Capo second fret

Chorus 1

$\frac{6}{8}$ G D/G	G* D/G*	G* D/G	G D/G
G D/G	G* D/G*	G* D/G	G*
G D/G	G* D/G*	G* D/G	G D/G
G D/G	G* D/G*	C/G D/G*	C/G D/G*
G*	G* ‖		

Chorus 2

‖: G D/G	G* D/G*	G* D/G	G D/G
G D/G	G* D/G*	G*	G*
G D/G	G* D/G*	G* D/G	G D/G
G D/G	G* D/G*	G*	Dadd11
Dadd11	C/D	C/D	Dadd11
Dadd11	C/D	C/D :‖	

Bridge 1

|: G** D | G** C/G | G** D | C/G D |
| G** D | G** C/G | G** D | C/G G*** :|

Play 3 times ad lib w/ harmonics etc

| G D/G | G* D/G* | G* | G* |

G A B C	D C B A B F♯
open 2fr 4fr 5fr	open 5fr 4fr 2fr 4fr 4fr
(5)———	(4) (5)———
G D B G	G A B C
open open 4fr open	open 2fr 4fr 5fr
(3) (4) (5)—	(5)———
G A B C	D C B A B F♯
open 2fr 4fr 5fr	open 5fr 4fr 2fr 4fr 4fr
(5)———	(4) (5)———
G D B G	
open open 4fr open	
(3) (4) (5)—	

Dadd11	Dadd11	C/D	C/D
Dadd11	Dadd11	C/D	C/D
: Dadd11	Dadd11	C	C
G/B	G/B	D/A	D/A :

Chorus 3 As Chorus 1

ridge 2

𝄆 G**	G**	G**	G** 𝄇

Play 4 times

G**	G**	‖

𝄆 G/D	G** D	G/D	G** D 𝄇
G**	G**	G**	G**
G/D	G** D	G/D	G** D
A5 Bm	G5 Em	C Am7	B♭/F C/E
D5	D5	D5	D5
G**	G**	G**	G**
D	D	D	D
A5 Bm	G5 Em	C* Am7	B♭/F C/E 𝄐
D5	D5	D5	D5 ‖

horus 4

𝄆 G**	G**	G**	G** 𝄇
G D/G	G* D/G*	G* D/G	G D/G
G D/G	G* D/G*	G*	G*
G D/G	G* D/G*	G* D/G	G D/G
G D/G	G* D/G*	C/G D/G*	C/G D/G*
𝄐 G ‖			

On The Border

Words & Music by
Al Stewart

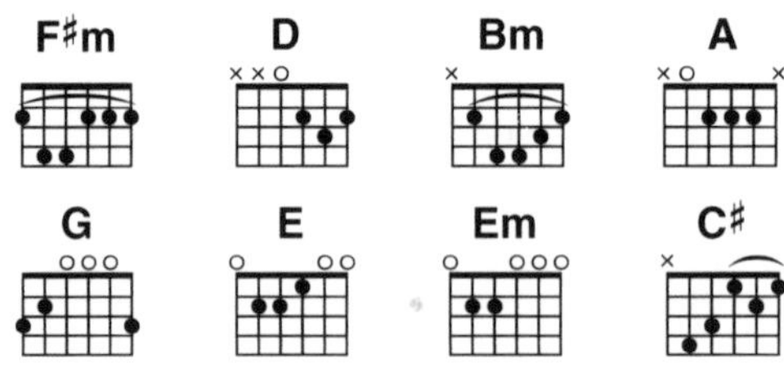

Intro

N.C. (F♯m)	N.C. (F♯m)		F♯m	F♯m
F♯m	F♯m	F♯m	F♯m
F♯m	F♯m	F♯m	F♯m

Verse 1

(F♯m)
The fishing boats go out across the evening water,
D
Smuggling guns and arms across the Spanish border.
Bm
The wind whips up the waves so loud,
A G
The ghost moon sails among the clouds,
F♯m E F♯m | F♯m | F♯m | F♯m
Turns the rifles into silver on the border.

Verse 2

(F♯m)
On my wall the colours of the maps are running,
D
From Africa the winds they talk of changes coming.
Bm
The torches flare up in the night,
A G
The hand that sets the farms alight,
F♯m E F♯m | F♯m |
To spread the word to those who're waiting on the border.

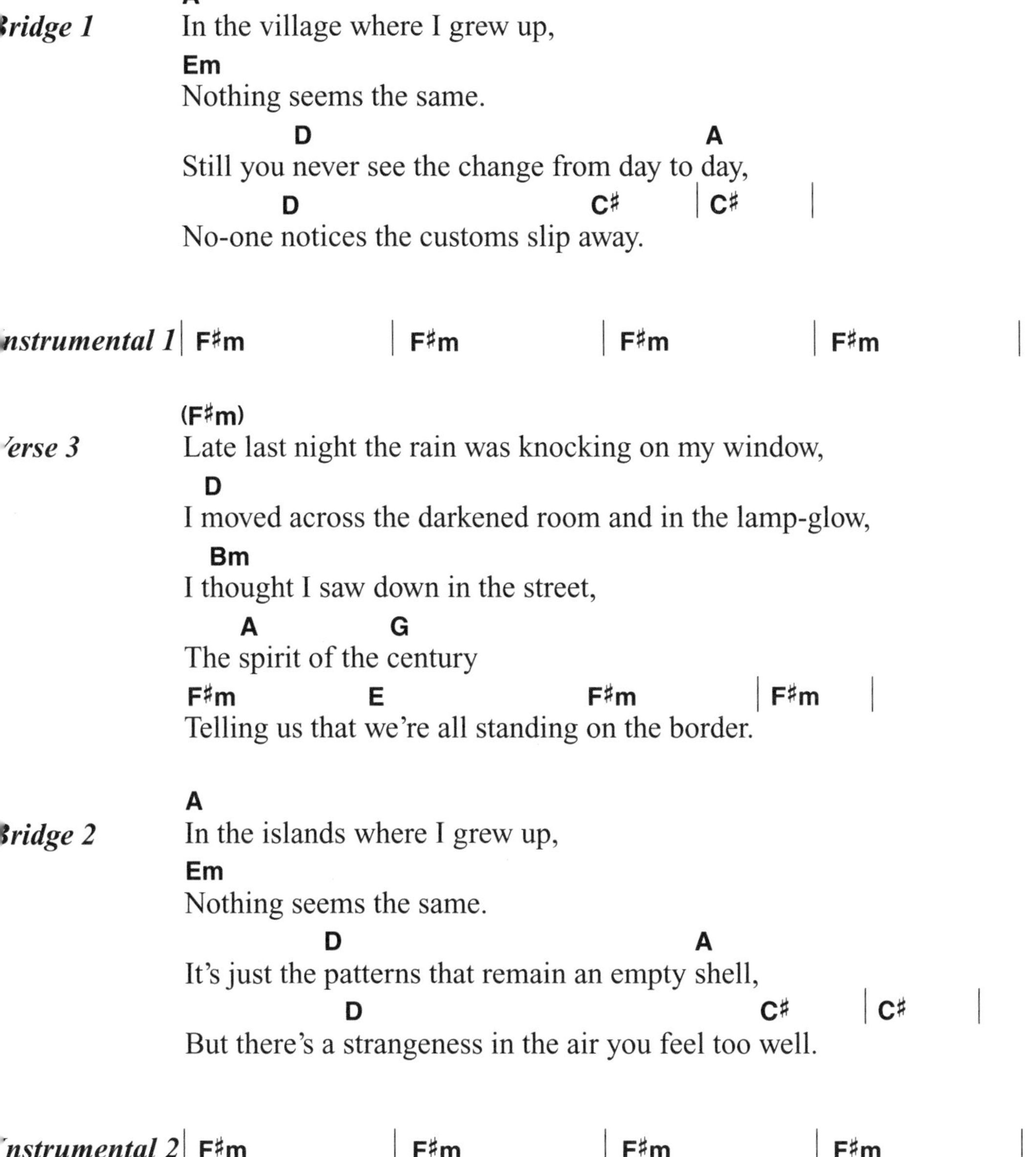

```
            A
Bridge 1    In the village where I grew up,
            Em
            Nothing seems the same.
                     D                              A
            Still you never see the change from day to day,
                    D                           C#       | C#      |
            No-one notices the customs slip away.

Instrumental 1 | F#m          | F#m          | F#m          | F#m          |

            (F#m)
Verse 3     Late last night the rain was knocking on my window,
              D
            I moved across the darkened room and in the lamp-glow,
              Bm
            I thought I saw down in the street,
                A          G
            The spirit of the century
            F#m         E                  F#m          | F#m     |
            Telling us that we're all standing on the border.

            A
Bridge 2    In the islands where I grew up,
            Em
            Nothing seems the same.
                       D                          A
            It's just the patterns that remain an empty shell,
                         D                                C#       | C#      |
            But there's a strangeness in the air you feel too well.

Instrumental 2 | F#m          | F#m          | F#m          | F#m          |
```

Verse 4

```
       (F♯m)
The fishing boats go out across the evening water,
D
Smuggling guns and arms across the Spanish border.
     Bm
The wind whips up the waves so loud,
     A                   G
The ghost moon sails among the clouds,
F♯m              E           F♯m          | F♯m       |
Turns the rifles into silver on the border.
```

Coda

```
D
On the border,
F♯m
On the border,
D
On the border.

| F♯m      | F♯m      |   Fade
```

Poor Boy

Words & Music by
John Fahey

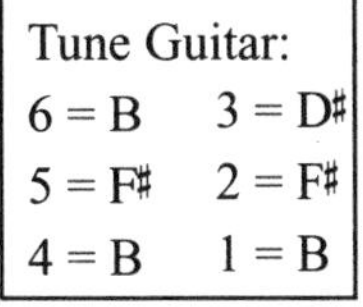

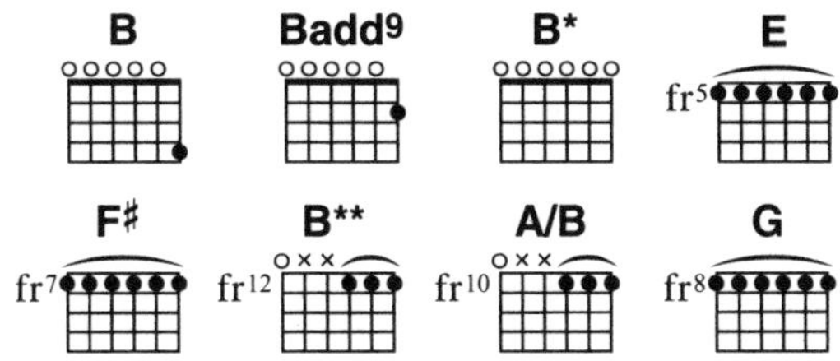

Play with slide (optional)

Intro	B	B ‖		
Chorus 1	‖: B Badd9 B*	E	B Badd9 B*	F♯
	B Badd9 B*	E	F♯	B* :‖
Verse 1	B** A/B	E G F♯	B** A/B	E G F♯
	B** A/B	E G F♯	F♯	B* ‖
Chorus 2	B Badd9 B*	E	B Badd9 B*	F♯
	B Badd9 B*	E	F♯	B* ‖
Verse 2	B** A/B	E G F♯	B** A/B	E G F♯
	B** A/B	E G F♯	F♯	B* ‖
Chorus 3	B Badd9 B*	E	B Badd9 B*	F♯
	B Badd9 B*	E	F♯	B* ‖

There Is A Mountain

Words & Music by
Donovan Leitch

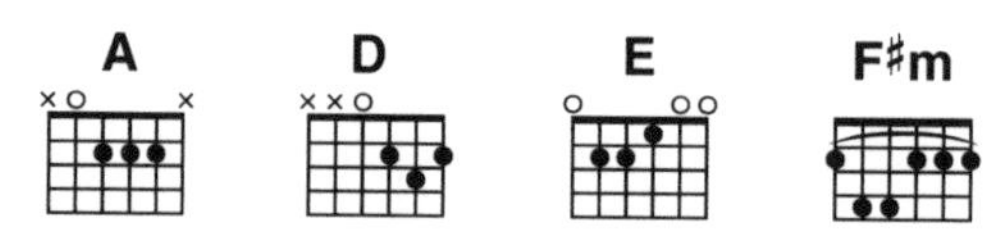

Intro

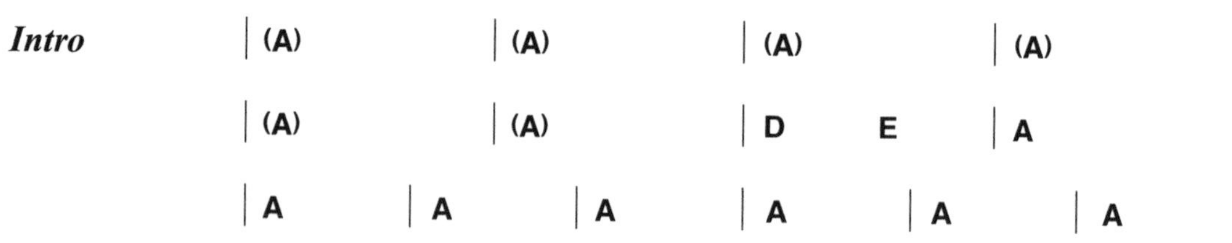

Verse 1

(A)
The lock upon my garden gate's a snail, that's what it is.

The lock upon my garden gate's a snail, that's what it is.

First there is a mountain, then there is no mountain, then there is.

First there is a mountain, then there is no mountain, then there is.

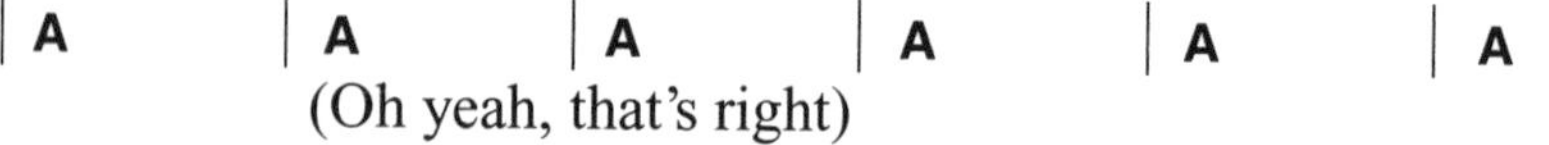

(Oh yeah, that's right)

Verse 2

(A)
Caterpillar sheds his skin to find a butterfly within.

Caterpillar sheds his skin to find a butterfly within.

First there is a mountain, then there is no mountain, then there is.

First there is a mountain, then there is no mountain.

Bridge

(A) F♯m
Oh Juanita, oh Juanita, oh Juanita, I call your name.

A
Oh, the snow will be a blinding sight to see

As it lies on yonder hillside.

(A)
Verse 3 The lock upon my garden gate's a snail, that's what it is.

The lock upon my garden gate's a snail, that's what it is.

Caterpillar sheds his skin to find a butterfly within.

Caterpillar sheds his skin to find a butterfly within.

| A | A | A | A |
| A | A | A | A |

(A)
Verse 4 First there is a mountain, then there is no mountain, then there is.

First there is a mountain, then there is no mountain, then there is.

First there is a mountain, then there is no mountain, then there is.

First there is a mountain, then there is no mountain, then there is.

Fade

The Journey

Words & Music by
Duncan Browne

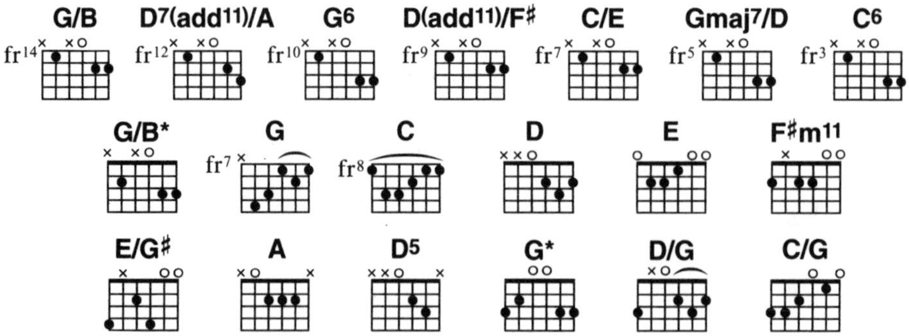

G/B fr14 | D7(add11)/A fr12 | G6 fr10 | D(add11)/F♯ fr9 | C/E fr7 | Gmaj7/D fr5 | C6 fr3

G/B* | G fr7 | C fr8 | D | E | F♯m11

E/G♯ | A | D5 | G* | D/G | C/G

Intro	G/B	D7(add11)/A	G6	D(add11)/F♯
	C/E	Gmaj7/D	C6	G/B*
	G	G ‖		

Verse 1

```
(G)                    C                    D
Cut all the corners, step on the old routine,
G                          C                       D
Oh, what a joke these twenty-four years have been.
E                          F♯m11
Honey, in my mind I can see your star,
 E/G♯                           A
I know who you are, I've been learning.
  E                                  F♯m11
Alright, so now we know which way the wind's gonna blow,
    E/G♯                   A
Let's get up and go, no returning.
```

Link 1	D5	D5	D5	D5
	D5	D5	G	G

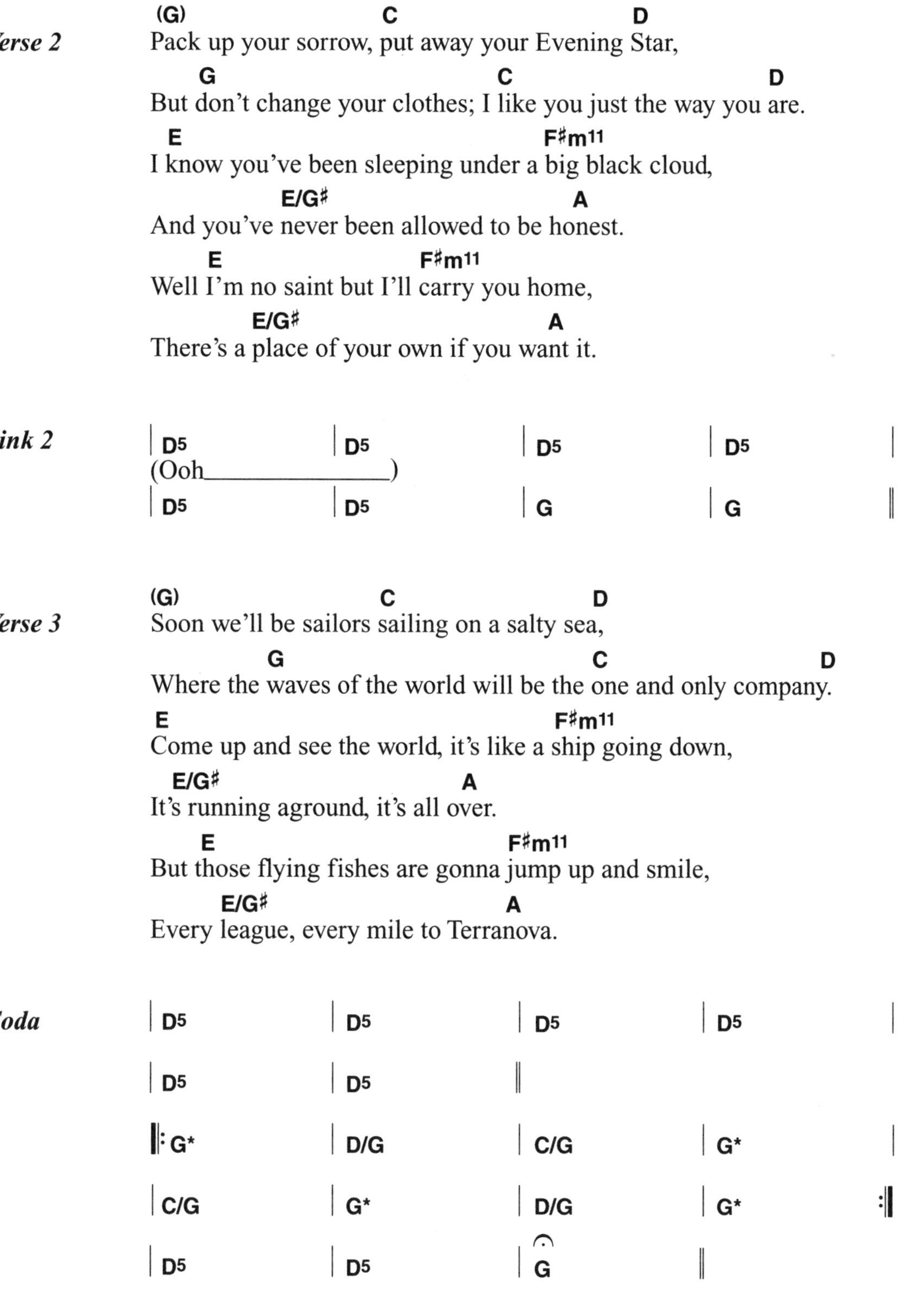

erse 2

(G) C D
Pack up your sorrow, put away your Evening Star,
G C D
But don't change your clothes; I like you just the way you are.
E F♯m11
I know you've been sleeping under a big black cloud,
E/G♯ A
And you've never been allowed to be honest.
E F♯m11
Well I'm no saint but I'll carry you home,
E/G♯ A
There's a place of your own if you want it.

ink 2

| D5 | D5 | D5 | D5 |
(Ooh______________)
| D5 | D5 | G | G ‖

erse 3

(G) C D
Soon we'll be sailors sailing on a salty sea,
G C D
Where the waves of the world will be the one and only company.
E F♯m11
Come up and see the world, it's like a ship going down,
E/G♯ A
It's running aground, it's all over.
E F♯m11
But those flying fishes are gonna jump up and smile,
E/G♯ A
Every league, every mile to Terranova.

oda

| D5 | D5 | D5 | D5 |
| D5 | D5 ‖
‖: G* | D/G | C/G | G* |
| C/G | G* | D/G | G* :‖
| D5 | D5 | G (fermata) ‖

Dead Skunk

Words & Music by
Loudon Wainwright III

G D7 C D7sus4 C*

Intro | G | D7 | C | G

Verse 1
```
(G)                      D7sus4
Crossin' the highway late last night,
    C*                          G
He shoulda looked left and he shoulda looked right.
                              D7sus4
He didn't see the station wagon car,
     C*                         G
The skunk got squashed and there you are!
```

Chorus 1
```
You got yer
(G)                     D7
Dead skunk in the middle of the road,
C                       G
Dead skunk in the middle of the road.
                        D7
Dead skunk in the middle of the road,
C                      G
Stinkin' to high Heaven!
```

Link 1 | G | D7 | C | G

Verse 2
```
         (G)          D7
Take a whiff on me, that ain't no rose,
C                        G
Roll up yer window and hold yer nose!
                                     D7sus4
You don't have to look and you don't have to see,
                    C                  G
'Cause you can feel it in your ol' factory.
```

```
Chorus 2      As Chorus 1

Link 2        |: G            | D7           | C            | G            :|

                         (G)                          D7
Verse 3       Yeah you got yer dead cat and you got yer dead dog,
                  C                         G
              On a moonlight night you got yer dead toad frog.
                                                  D7
              Got yer dead rabbit and yer dead raccoon,
                  C                                     G
              The blood and the guts they're gonna make you swoon!

Chorus 3      You got yer
              (G)          D7
              Dead skunk in the middle,
              C                     G
              Dead skunk in the middle of the road.
                                    D7
              Dead skunk in the middle of the road,
              C                    G
              Stinkin' to high Heaven! C'mon, stink!

Solo          |: G            | D7           | C            | G            :|

                               (G)              D7
Chorus 4      You got it, it's dead, it's in the middle,
              C                       G
                 Dead skunk in the middle!
                                       D7
              Dead skunk in the middle of the road,
              C                 G
              Stinkin' to high Heaven!

Coda          |: G            | D7           | C            | G            :|
```

Repeat to fade
w/ vocal ad lib.

The Yellow Princess

Words & Music by
John Fahey

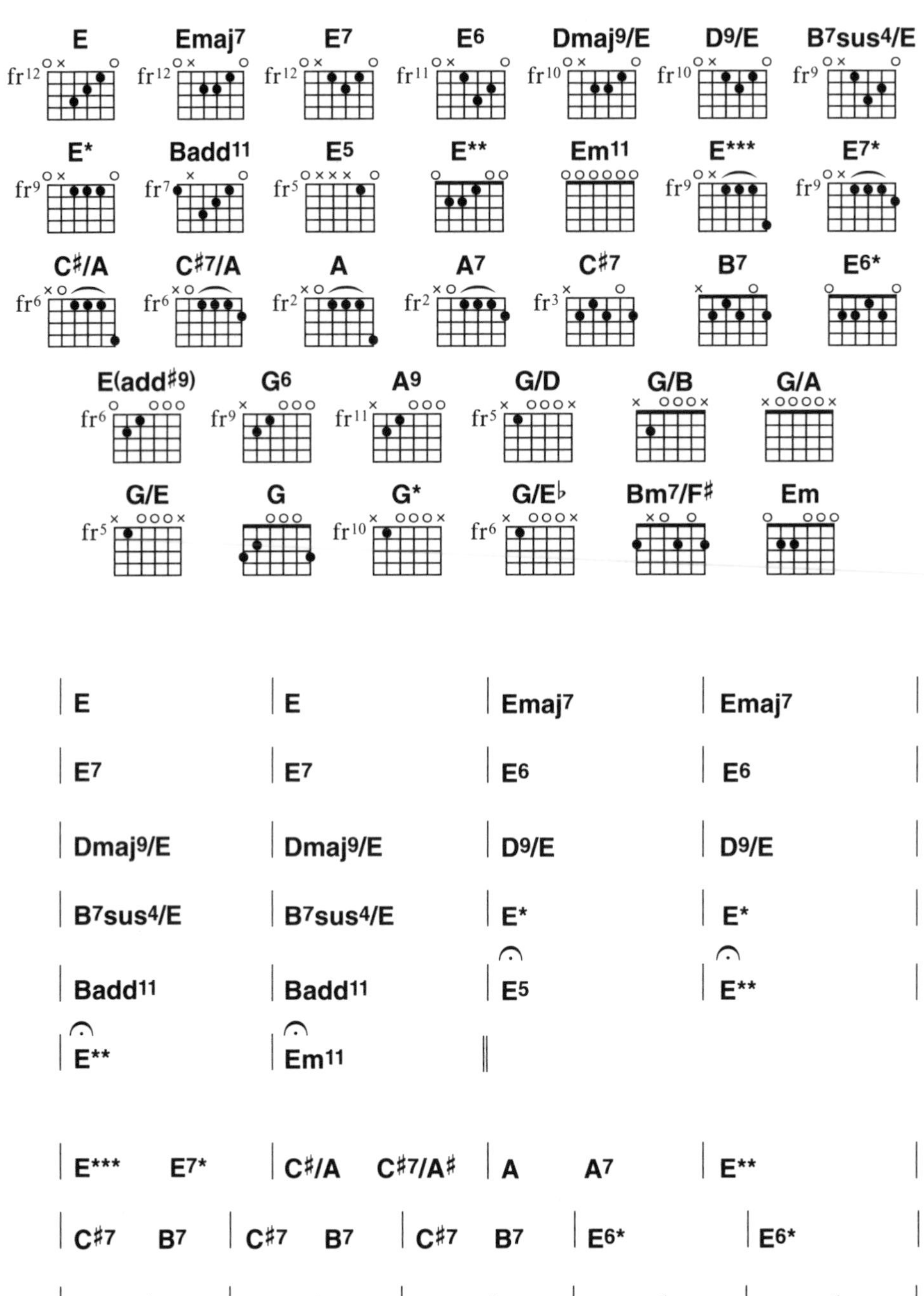

| G6 | A9 | G6 | A9 |

| G6 | A9 | G6 |

| E(add♯9) | E(add♯9) | E(add♯9) | E(add♯9) |

| E(add♯9) | E(add♯9) | G/D | G/B |

| G/B G/A G/B G/D | G/E G/D G/B G/A | G G/A G/B G/D |

| G/E G* G/E G/D | G/B G/D | G/D |

| G/E♭ | E(add♯9) | G/E♭ | E(add♯9) |

| E(add♯9) | E(add♯9) | G/D G/B G/A | G ||

| G | G | G | Bm7/F♯ G |

| G | G | G | Bm7/F♯ G |

| G Em | G Em | G Em | G |

| G | G | G Bm7/F♯ | G |

| G | G | G | Bm7/F♯ G |

| G Em | G Em | G Em | G |

| G | G | G Bm7/F♯ | G |

| E(add♯9) | E(add♯9) | G | E(add♯9) |

| E(add♯9) | G6 | A9 | G6 |

| A9 | G6 | A9 | G6 |

| G6 | G6 | E(add♯9) | E(add♯9) |

| E(add♯9) | E(add♯9) | Em11 ||

| E*** E7* | C♯/A C♯7/A | A A7 | E** |

| C♯7 B7 | C♯7 B7 | C♯7 B7 | E6* |

| E6* | E** ||

Nobody's Fault But Mine

Traditional
Arranged by John Renbourn

Tune Guitar:
6 = C♯ 3 = E♯
5 = G♯ 2 = G♯
4 = C♯ 1 = C♯

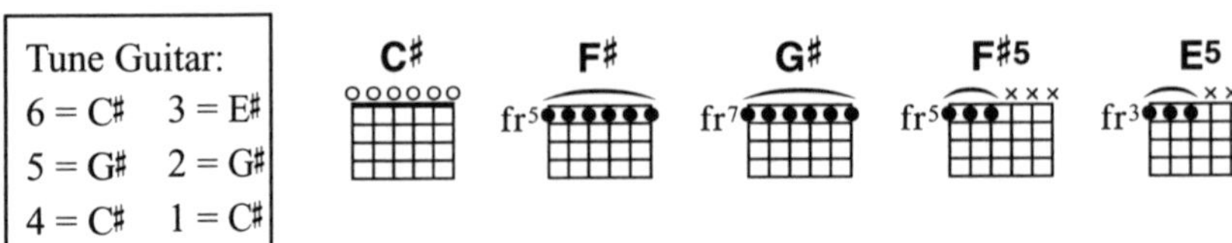

Play with slide (optional)

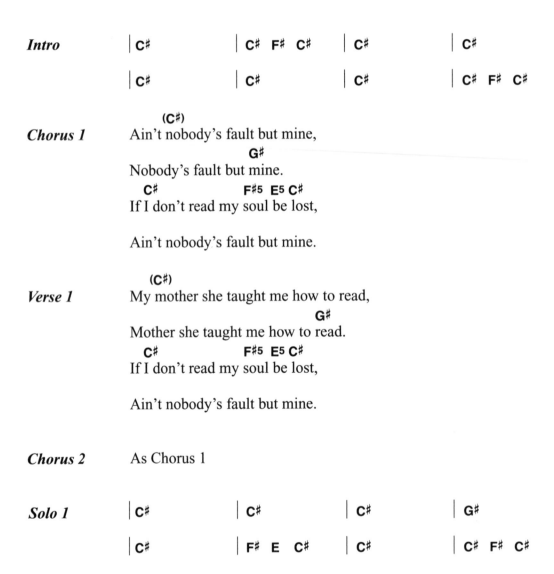

Intro

| C♯ | C♯ F♯ C♯ | C♯ | C♯
| C♯ | C♯ | C♯ | C♯ F♯ C♯

Chorus 1

(C♯)
Ain't nobody's fault but mine,
G♯
Nobody's fault but mine.
C♯ F♯5 E5 C♯
If I don't read my soul be lost,

Ain't nobody's fault but mine.

Verse 1

(C♯)
My mother she taught me how to read,
G♯
Mother she taught me how to read.
C♯ F♯5 E5 C♯
If I don't read my soul be lost,

Ain't nobody's fault but mine.

Chorus 2 As Chorus 1

Solo 1

| C♯ | C♯ | C♯ | G♯
| C♯ | F♯ E C♯ | C♯ | C♯ F♯ C♯

Verse 2

(C♯)
I got a Bible in my home,
G♯
I got a Bible in my home.
C♯ F♯5 E5 C♯
If I don't read my soul be lost,

Ain't nobody's fault but mine.

Chorus 3 As Chorus 1

Verse 3

(C♯)
My sister, she taught me how to read,
G♯
My sister, she taught me how to read.
C♯ F♯5 E5 C♯
If I don't read my soul be lost,

Ain't nobody's fault but mine.

Solo 2 As Solo 1

Chorus 4 As Chorus 1

Coda

(C♯)
Ain't nobody's fault but mine,

Ain't nobody's fault but mine.

Ain't nobody's fault but mine,

Ain't nobody's fault but mine. *Fade*

The Third Man (The Harry Lime Theme)

Music by
Anton Karas

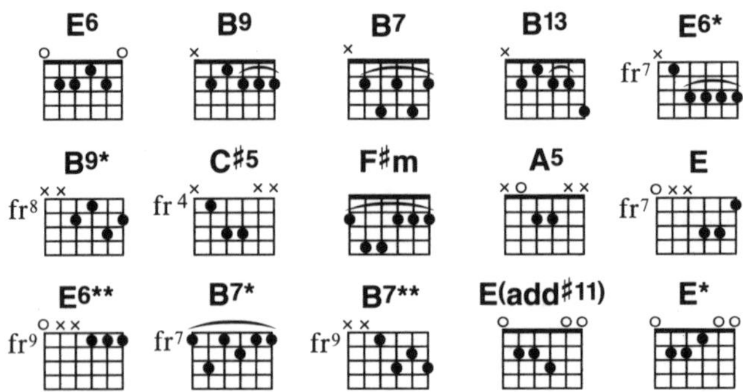

Tune guitar down 2 tones

| E6 | B9 | B7 | E6 |

| E6 | B9 | B7 B13 | E6 N.C |

| E6 E6* | B9 B9* | B7 | E6 |

| C♯5 | F♯m A5 | B9 B7 B13 | E6 N.C |

| E E6** | E E6** | E6** | B7* B7 |

| B7* B9* | B7** B9* | B7 | E6 N.C. |

| E E(add♯11) E | E E(add♯11) E B7 |

| E E(add♯11) B7 | B7 E B7 |

| E6 | B9 | B7 | E6 |

| E6 | B9 | B7 B13 | E6 N.C |

| E6 E6* | B9 B9* | B7 | E6 |

| C♯5 | F♯m A5 | B9 B7 B13 | E6 N.C |

| E* (fermata) ||

1952 Vincent Black Lightning

Words & Music by
Richard Thompson

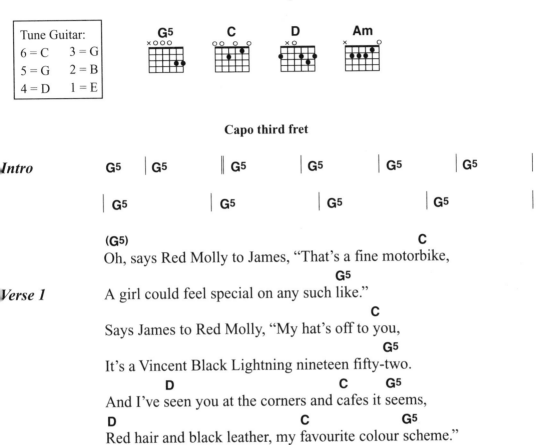

Tune Guitar:
6 = C 3 = G
5 = G 2 = B
4 = D 1 = E

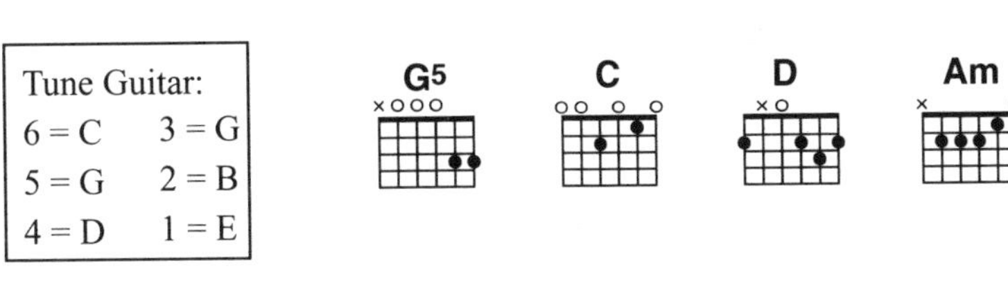

Capo third fret

Intro | G5 | G5 ‖ G5 | G5 | G5 | G5 |
| G5 | G5 | G5 | G5 |

Verse 1

(G5) C
Oh, says Red Molly to James, "That's a fine motorbike,
G5
A girl could feel special on any such like."
C
Says James to Red Molly, "My hat's off to you,
G5
It's a Vincent Black Lightning nineteen fifty-two.
D C G5
And I've seen you at the corners and cafes it seems,
D C G5
Red hair and black leather, my favourite colour scheme."
Am C
And he pulled her on behind,
G5
And down to Box Hill they did ride.

Link 1 | G5 | G5 | G5 | G5 |

Verse 2

```
(G5)                                                      C
Oh, says James to Red Molly, "Here's a ring for your right hand,
                                               G5
But I'll tell you in earnest I'm a dangerous man.
                                                 C
For I've fought with the law since I was seventeen,
                                                G5
I robbed many a man to get my Vincent machine.
D                                   C          G5
Now I'm twenty-one years, I might make twenty-two,
     D                          C          G5
And I don't mind dying, but for the love of you.
      Am                        C
And if fate should break my stride,
                                       G5
Then I'll give you my Vincent to ride."
```

Solo

```
| G5        | G5        | G5        | G5
| C         | C         | C         | G5
| G5        | G5        | G5        | C
| C         | C         | G5        | G5
| G5        | G5        | G5        | G5
```

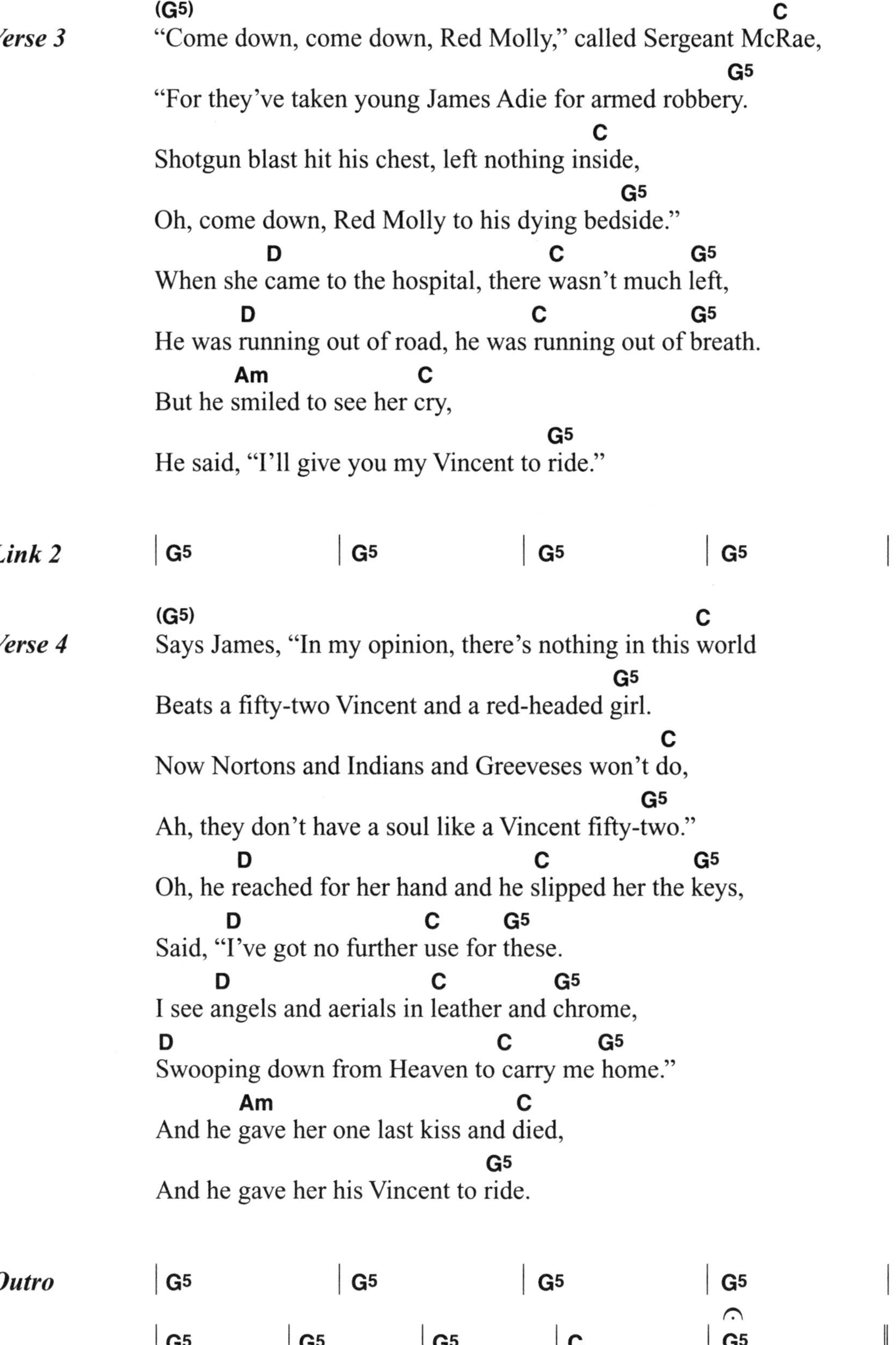

Verse 3

(G5) C
"Come down, come down, Red Molly," called Sergeant McRae,
G5
"For they've taken young James Adie for armed robbery.
C
Shotgun blast hit his chest, left nothing inside,
G5
Oh, come down, Red Molly to his dying bedside."
D C G5
When she came to the hospital, there wasn't much left,
D C G5
He was running out of road, he was running out of breath.
Am C
But he smiled to see her cry,
G5
He said, "I'll give you my Vincent to ride."

Link 2

| G5 | G5 | G5 | G5 |

Verse 4

(G5) C
Says James, "In my opinion, there's nothing in this world
G5
Beats a fifty-two Vincent and a red-headed girl.
C
Now Nortons and Indians and Greeveses won't do,
G5
Ah, they don't have a soul like a Vincent fifty-two."
D C G5
Oh, he reached for her hand and he slipped her the keys,
D C G5
Said, "I've got no further use for these.
D C G5
I see angels and aerials in leather and chrome,
D C G5
Swooping down from Heaven to carry me home."
Am C
And he gave her one last kiss and died,
G5
And he gave her his Vincent to ride.

Outro

| G5 | G5 | G5 | G5 |

| G5 | G5 | G5 | C | G5 ||

Early Mornin' Rain

Words & Music by
Gordon Lightfoot

D G/D A/D

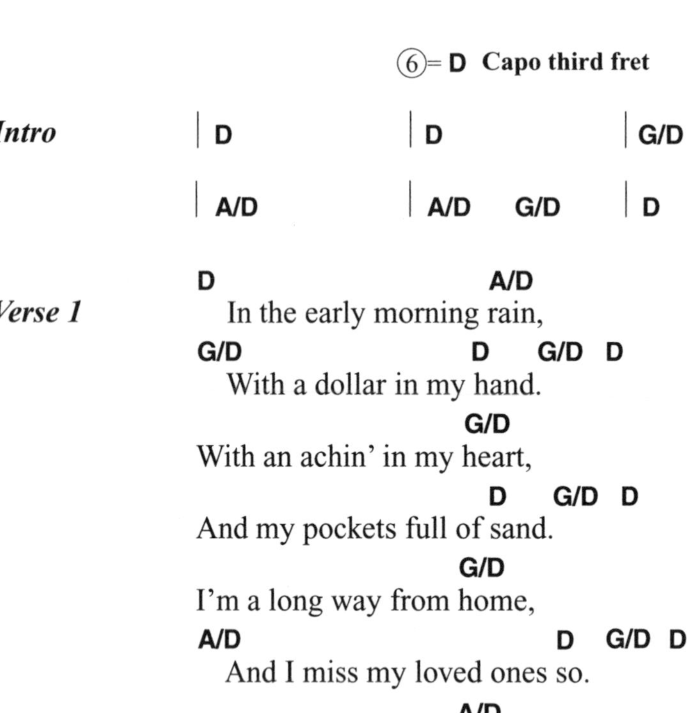

⑥ = D **Capo third fret**

Intro | D | D | G/D | G/D |
| A/D | A/D G/D | D | D G/D |

```
            D                      A/D
*Verse 1*     In the early morning rain,
            G/D                    D    G/D  D
              With a dollar in my hand.
                                 G/D
            With an achin' in my heart,
                                   D    G/D  D
            And my pockets full of sand.
                                 G/D
            I'm a long way from home,
            A/D                           D   G/D  D
              And I miss my loved ones so.
                                 A/D
            In the early morning rain,
                 G/D       D    G/D   D
            With no place to go.
```

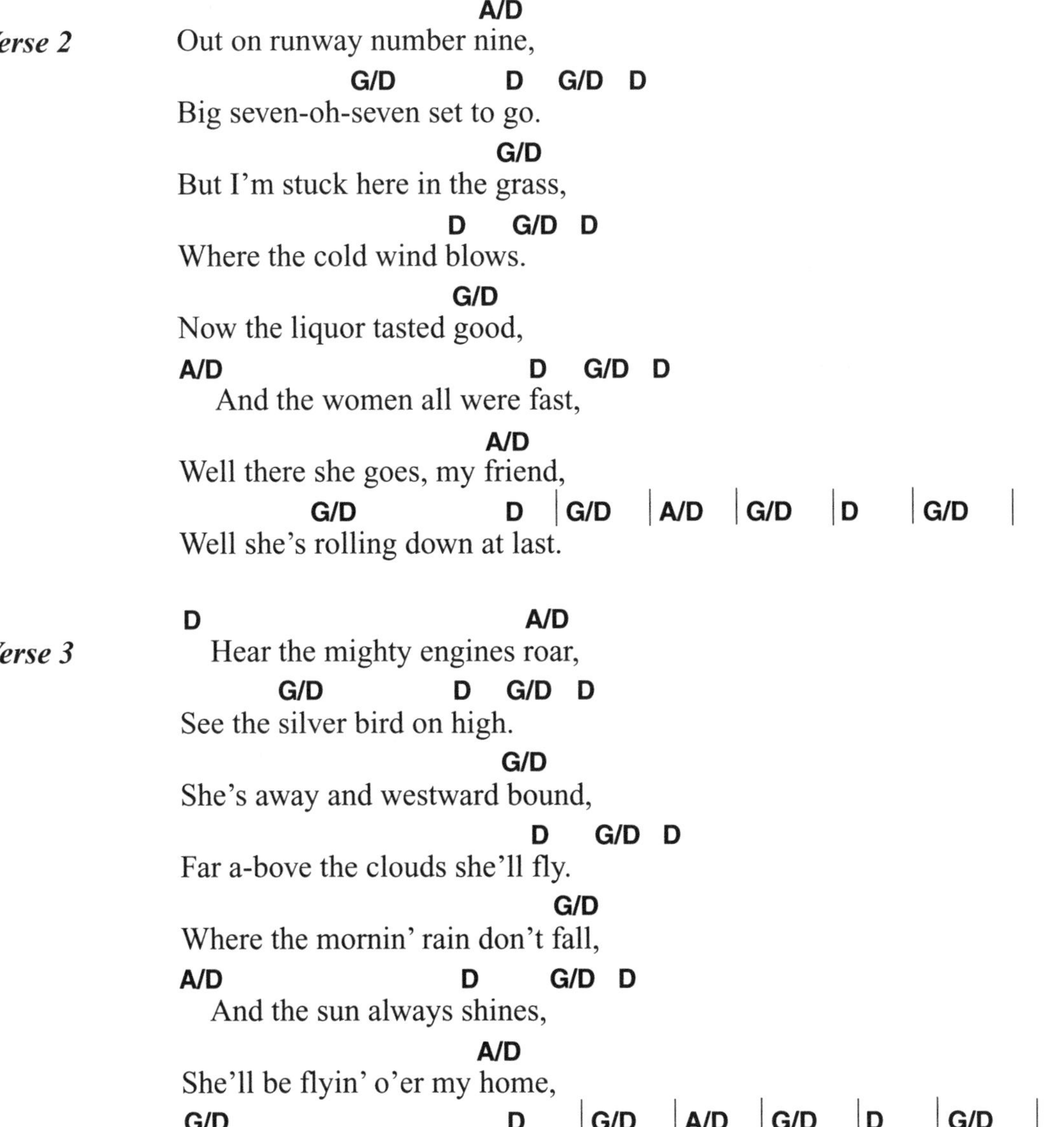

```
                              A/D
Verse 2    Out on runway number nine,
                       G/D          D   G/D  D
           Big seven-oh-seven set to go.
                                  G/D
           But I'm stuck here in the grass,
                              D    G/D  D
           Where the cold wind blows.
                               G/D
           Now the liquor tasted good,
           A/D                          D    G/D  D
              And the women all were fast,
                                  A/D
           Well there she goes, my friend,
                     G/D               D  | G/D  | A/D  | G/D  | D   | G/D  |
           Well she's rolling down at last.

           D                             A/D
Verse 3       Hear the mighty engines roar,
                   G/D             D   G/D  D
           See the silver bird on high.
                                      G/D
           She's away and westward bound,
                                         D    G/D  D
           Far a-bove the clouds she'll fly.
                                          G/D
           Where the mornin' rain don't fall,
           A/D                     D     G/D  D
              And the sun always shines,
                                   A/D
           She'll be flyin' o'er my home,
           G/D                         D  | G/D  | A/D  | G/D  | D   | G/D  |
                 In about three hour's time.
```

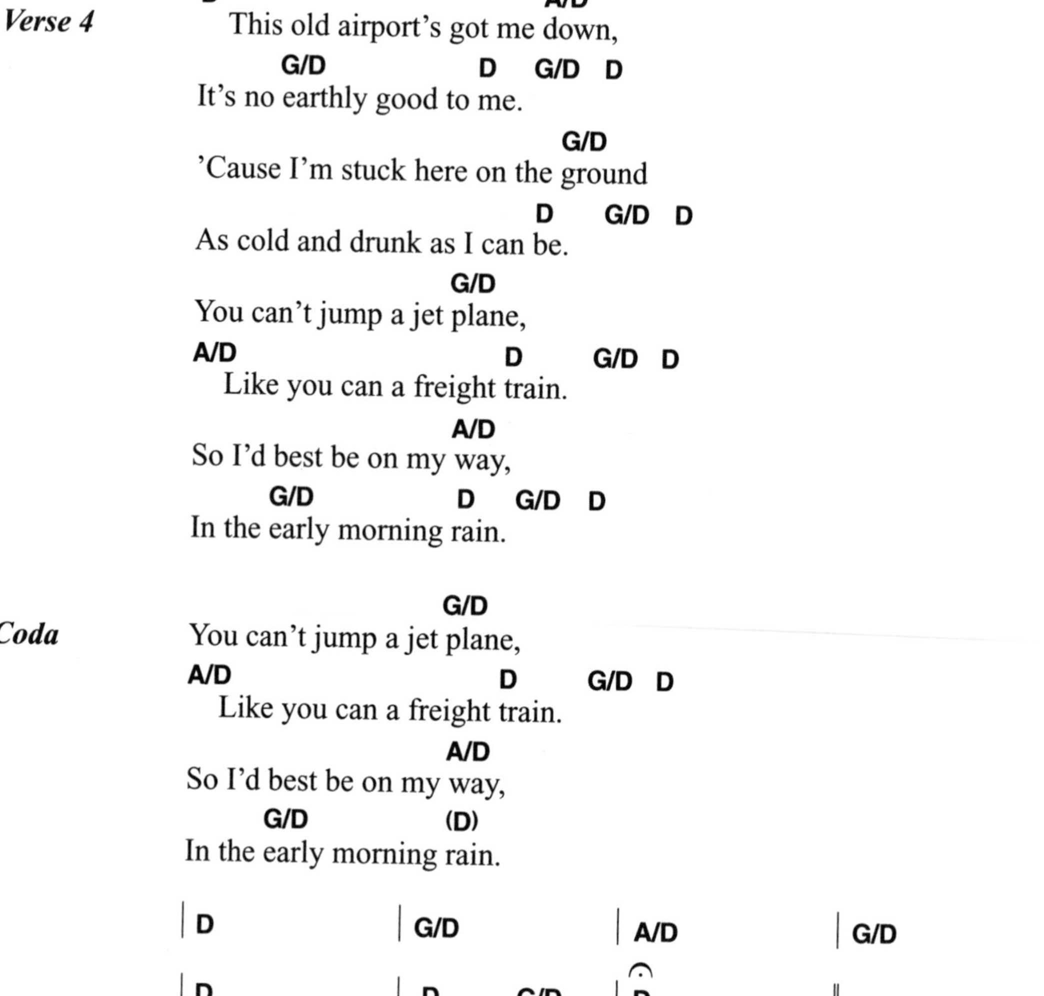

Verse 4

D A/D
This old airport's got me down,
G/D D G/D D
It's no earthly good to me.
G/D
'Cause I'm stuck here on the ground
D G/D D
As cold and drunk as I can be.
G/D
You can't jump a jet plane,
A/D D G/D D
Like you can a freight train.
A/D
So I'd best be on my way,
G/D D G/D D
In the early morning rain.

Coda

G/D
You can't jump a jet plane,
A/D D G/D D
Like you can a freight train.
A/D
So I'd best be on my way,
G/D (D)
In the early morning rain.

| D | G/D | A/D | G/D |
| D | D G/D | D (fermata) ||

Dark Eyes

Words & Music by
Bob Dylan

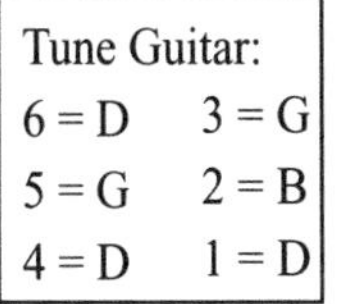

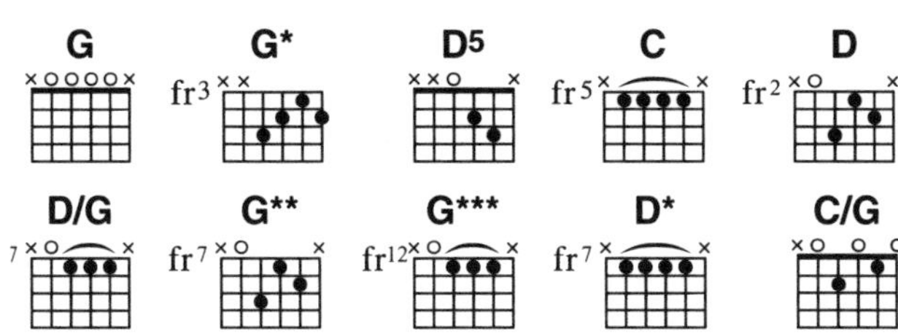


```
Intro        ||: G    G*    D5    G*   | C         D   |
               | G    G*    D5    G*   | C         G  :||

                   G      G*  D5  G*  C     D
Verse 1      Oh, the gent - le - men are talk - ing,
                   G       G*     D5        G*     C     G
             And the mid - night  moon is on the riverside.
                    G          G* D5  G*   C       D
             They're drink - ing up  and  walk - ing,
                    G  G* D5    G*   C       G
             And  it  is  time  for  me  to  slide.
             D/G  G**   G***  G**  C       D*
             I     live   in    an - other  world,
                        D/G  G**  G***   G** C        D*
             Where life  and  death  are  memorised,
                                G      G* D5      G*      C       D
             Where  the  earth  is  strung  with  lovers'  pearls,
                    G   G* D5  G*   C     G
             And  all  I   see  are  dark  eyes.

Harmonica 1  | G    G*    D5    G*   | C         D   |
             | G    G*    D5    G*   | C/G       G   ||
```

Verse 2

```
 G    G*  D5   G*  C    D
A cock is  crowing  far away,
          G   G*  D5  G*    C     G
And an - oth - er  sol - dier's deep in prayer.
       G       G*   D5     G*  C        D
Some moth - er's  child  has  gone  a - stray,
G    G*     D5    G*    C       G
She  can't  find  him  an - y - where.
     D/G G**  G***  G** C      D*
But  I   can  hear  an - other drum,
D/G    G**   G*** G**  C        D*
Beat - ing  for  the  dead  that  rise.
          G      G*    D5      G*    C        D
Whom  nat - ure's  beast  fears  as  they  come,
       G  G* D5  G*   C    G
And  all  I  see  are  dark  eyes.
```

Harmonica 2

```
| G    G*    D5    G*    | C           D    |
| G    G*    D5    G*    | C/G         G    ||
```

Verse 3

```
G     G*  D5  G* C       D
They  tell  me  to  be  dis - creet,
     G  G*  D5    G*  C          G
For  all  in - tend - ed  pur - pos - es.
G     G*  D5  G*  C        D
They  tell  me  re - venge  is  sweet,
               G      G*    D5     G*  C      G
And  from  where  they  stand,  I'm  sure  it  is.
     D/G G**   G*** G**    C        D*
But  I   feel  no - thing  for  their  game,
            D/G    G** G***   G**  C        D*
Where  beau - ty  goes  un - re - cog - nized.
G   G* D5  G* C          D
All  I  feel  is  heat  and  flame,
      G  G* D5  G* C   G
And  all  I  see  are  dark  eyes.
```

Harmonica 3

```
||: G    G*    D5    G*    | C           D    |
|   G    G*    D5    G*    | C/G         G    :||
```

```
                  G          G*    D5     G* C          D
Verse 4   Oh, the French girl, she's in par - a - dise,
                 G        G*    D5     G* C         G
          And a drun - ken man is  at the wheel.
          G      G*  D5     G* C          D
          Hun - ger pays a  heav - y price,
                 G     G*    D5     G* C            G
          To the fall - ing gods of speed and steel.
               D/G  G** G***  G**         C           D*
          Oh, time  is  short and the days are sweet,
               D/G  G**   G***  G** C              D*
          And pas - sion rules the arrow that flies.
            G     G*   D5    G*  C        D
          A mil - lion fac - es  at my feet,
                G  G* D5   G*  C    G
          But all  I  see are dark eyes.
```

```
Outro     ||: G    G*    D5    G*   | C/G         D   |
          |   G    G*    D5    G*   | C/G         G   :||
          |   D/G  G**   G***  G**  | C           D*  |
          |   D/G  G**   G***  G**  | C           D*  |
          |   G    G*    D5    G*   | C           D   |
          |   G    G*    D5    G*   | C/G         G   |
          |   G    G*    D5    G*   | G     C/G   G (fermata) ||
```

Relative Tuning

The guitar can be tuned with the aid of pitch pipes or dedicated electronic guitar tuners which are available through your local music dealer. If you do not have a tuning device, you can use relative tuning. Estimate the pitch of the 6th string as near as possible to E or at least a comfortable pitch (not too high, as you might break other strings in tuning up). Then, while checking the various positions on the diagram, place a finger from your left hand on the:

5th fret of the E or 6th string and **tune the open A** (or 5th string) to the note (A)

5th fret of the A or 5th string and **tune the open D** (or 4th string) to the note (D)

5th fret of the D or 4th string and **tune the open G** (or 3rd string) to the note (G)

4th fret of the G or 3rd string and **tune the open B** (or 2nd string) to the note (B)

5th fret of the B or 2nd string and **tune the open E** (or 1st string) to the note (E)

E or 6th
A or 5th
D or 4th
G or 3rd
B or 2nd
E or 1st
Head
Nut
1st Fret
2nd Fret
3rd Fret
4th Fret
5th Fret
(B)
(A) (D) (G) (E)

Reading Chord Boxes

Chord boxes are diagrams of the guitar neck viewed head upwards, face on as illustrated. The top horizontal line is the nut, unless a higher fret number is indicated, the others are the frets.

The vertical lines are the strings, starting from E (or 6th) on the left to E (or 1st) on the right.

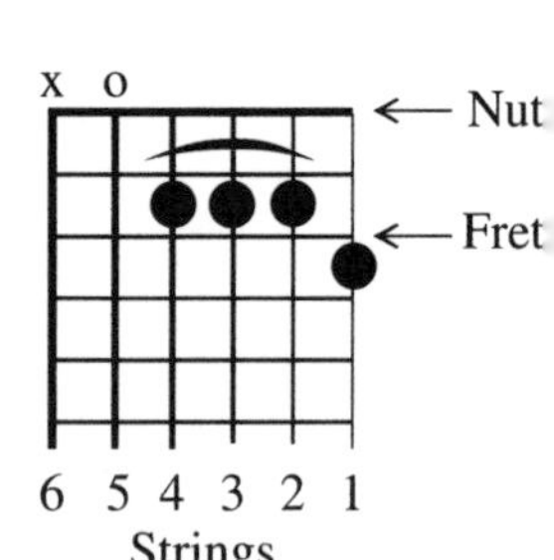

The black dots indicate where to place your fingers.

Strings marked with an O are played open, not fretted. Strings marked with an X should not be played.

The curved bracket indicates a 'barre' - hold down the strings under the bracket with your first finger, using your other fingers to fret the remaining notes.

10/06 (59983) 2 3 4 5 6 7 8 9